KB138184

교양인을 위한

한문의 세계

교 양 인 을   위 한

한문의 세계

1판 1쇄 발행 2004년 3월 10일
2판 1쇄 발행 2015년 8월 10일
2판 6쇄 발행 2024년 4월 30일

지은이 이명학
펴낸이 유지범
펴낸곳 성균관대학교출판부
등록 1975년 5월 21일   제1975-9호
주소 03063 서울특별시 종로구 성균관로 25-2
전화 02)760-1252~4   팩스 02)762-7452
홈페이지 http://press.skku.edu

ISBN 979-11-5550-118-4 03710
값 15,000원

漢文

교양인을 위한

한문의 세계

이명학 지음

世界

성균관대학교
출판부

새로운 판을 내면서

2004년『한문의 세계』를 출간한 지 벌써 11년이란 세월이 흘렀다. 다행스럽게도 그간 많은 대학에서 보잘 것 없는 이 책을 교양한문 교재로 채택해 주었다. 지은이로서 그저 감사할 뿐이다.

돌이켜 보면 '한자와 한문 교육'의 필요성과 중요성에 대한 인식은 11년 전이나 지금이나 다를 바가 없음에도 불구하고, 학교 현장의 상황은 그때나 지금이나 조금도 변한 것이 없다. 대다수 국민들은 한자 교육의 필요성을 주장하는 데 반해 일선 교육 현장에서는 그 의견을 전혀 반영하지 않는다. 사회적인 인식과 교육 현장에서의 괴리 현상을 어떻게 설명해야 좋을지 모르겠다.

우리가 한자를 배워야 하는 중요한 이유는 우리말 어휘의 대부분이 한자어이기 때문에, 이를 공부하여 그 정확한 개념을 알아야 한다는 것이다. 한글 창제 이전부터 우리말의 상당 부분이 한자 어휘였던 만큼, 표음문자인 '한글'과 표의문자인 '한자'가 수레의 두 바퀴처럼 균형을 이루며 상호 보완을 해 나간다면, 가장 이상적인 문자 체계가 될 수 있을 것이다.

한자는 복잡한 형태로 배우기가 쉽지 않다. 그러나 한자 학습 후, 자연스럽게 생기는 효용성과 응용력은 커다란 소득이다. 어휘력과 문장 이해력이 향상되고 글쓰기와 말하기도 정확해진다. 이처럼 한자 교육의 궁극적인 목적은 한자어의 뜻과 개념을 바르게 익혀 우리말을 정확하게 말하고, 올바르게 글을 쓰기 위함이다.

또한 아무리 과학이 발달하고 물질적으로 풍요로워지더라도 인간에 대한 이해와 정신적인 넉넉함이 없다면 사람들의 삶은 공허할 것이다. 사람답게 사는 것의 의미와 사람의 도리는 무엇인지, 자기를 희생하고 남을 배려하는 것은 무엇인지에 대한 해답은 바로 우리나라와 동양의 한문 고전 속에 있다.

고전을 읽음으로써 우리는 살아갈 내일의 길을 찾아낼 수 있다. 그 길을 만들고 찾는 것은 우리 스스로의 몫이지만, 그 방향을 제시해 주는 것은 바로 고전이다. 옛 선현들이 남겨 놓은 다양한 글을 읽어 가면서 우리는 인생을 대하는 자세, 인간 관계 속에서 중요한 덕목 등 많은 교훈을 접하게 된다. 고전을 통해 현실의 삶 속에서 내가 지녀야 할 새로운 가치와 올바른 방향을 찾게 되는 것이다.

이번 제2판은 새로운 내용을 보충한 것은 아니다. 전체적으로 활자를 크게 하거나 삽화를 넣어 시각적으로 보기에 편하게 하였다. 이 일을 계획하고 적극 추진해 준 성균관대학교 출판부 여러분께 진심으로 감사의 인사를 드린다.

2015년 7월

이명학

'漢文은 반드시 배워야 하는가?'라는 논의는 어제 오늘의 이야기가 아니다. 해방 이후 지금까지 계속 이어온 논쟁이다. 그러나 한문은 다른 교과와 달리 논쟁과 현실 사이에 비교적 커다란 괴리가 있다. 교육 현장에 비해 사회에서 요구하는 기대치가 매우 높다는 것이다. 최근 몇 년 사이 '한자 학습지'가 우후죽순처럼 생겨나고, 그 수요 또한 날이 갈수록 커지고 있다. 게다가 이름도 모를 각종 '한자 · 한문 경시대회'를 비롯해 '한자 급수 시험'에 이르기까지 漢字敎育과 관련된 사교육 시장은 기하급수적으로 늘어나고 있다.

얼마 전, 前任 교육부 장관들께서 한자교육의 정상화를 촉구하는 서명을 하더니, 최근 全經聯에서는 한자교육의 필요성과 중요성을 역설하고 나섰다. 급부상하는 中國을 비롯한 동아시아 국가간의 활발한 경제 교류를 위한다는 것이 주된 이유나 신입 사원들이 제 이름 석 자도 한자로 제대로 못쓰는 수준을 보니 도저히 안 되겠다는 것이다. 현장에서 보기에 오죽 답답했으면 전임 장관들과 전경련에서 이런 논의를 했겠는가.

요즈음 각 대학교에서는 한자 교육을 강화하고 아울러 한자 능력 시험도 치른다고 한다. 도대체 심도 있는 전공과목을 공부해야 할 대학에서 이런 낭비가 어디 있는가? 정상적인 고교 교육을 마친 학생들이 왜 이제 와서 다시 한자 공부를 별도로 해야 하는가? 입시 준비에 힘겨운 학생에게 漢文이 부담스러운 것은 사실이다. 그러나 英語나 다른 외국어도 쉽게 배울 수 있는 것은 아니다.

그만한 노력을 기울여야 하는 것이다. '漢文을 왜 배워야 하는가?'에 대한 대답은 너무나도 自明하다. 英語가 세계화를 위해서 필요하다면 漢文은 우리의 정체성과 주체적인 삶을 위해서 필요한 것이다. 漢字語가 80%가 넘는 우리말의 올바른 구사를 위해서도 그러하거니와 정확한 개념을 알고 전공서적을 읽기 위해서도 필요하다.

全經聯에서 주장하듯이 경제적인 이유로 한자를 배워야 한다는 주장은 일면 타당하다. 그러나 그런 논리라면 차라리 中國語를 배우는 것이 더 빠를 것이다. 漢字는 言語가 아니라 文字이다. 漢字 몇 자 안다고 깊이 있는 의사소통이 가능하겠는가. 더욱이 지금 중국에서 쓰고 있는 '簡體字'는 그나마 간단한 의사소통도 불가능하게 한다. 오히려 경제 논리로만 말하자면 우리도 서둘러 '간체자'를 써야 한다는 주장이 훨씬 설득력이 있을 것이다.

지금 우리에게 시급한 것은 단순한 漢字教育이 아니라 東洋의 古典인 漢文 문장을 통해 한자도 익히고 과거 같은 漢字文化圈에 속했던 중국·일본·베트남 등과 공유하고 있었던 문화 전통과 가치관을 재해석하고 공감하는 것이다. 이를 통해 民族間 상호 감정 교류와 이해의 폭을 넓힐 수 있으며, 國家間 공고한 신뢰와 유대를 기대할 수 있을 것이다. 이것이 바로 漢文教育이 현재까지도 여전히 중요하고 유효한 이유이다.

필자는 1994년 EBS 교육방송에서 '교양한문'을 일 년간 진행한 적이 있었다. 당시 방송용 한문교재를 만든다는 것 자체가 획기적인 일이었는데 가급적 시청자들이 흥미를 가질 수 있도록 재미 있고 유익한 내용으로 구성하였다. 이 책은 그간 묵혀두었던 이 두 권의 'EBS 교양한문' 교재를 중심으로 일반인들이 흥미를 잃지 않고 마지막 장까지 넘길 수 있도록 새로 깁고 보충한 것이다.

끝으로 이 책이 나오기까지 자기 일처럼 꼼꼼하게 교정을 보아준 張豪晟, 李君善 선생에게 진심으로 감사의 마음을 전한다.

2004년 2월
이 명 학

차례

漢文의 世界

楚然求物夕先生其日言不發□□□

也驛江堯所樂也亦

先生之所知不晶

先生之先君為鞭也南望不覺為之悵然況世

問新事歲梁而月不同笑近聞若茲序庙幸

今官閒欲與匈隱匹馬法子果浮如邛川寧

當作一夜頗也歲受新米之

惠敢不銘感僕向肖遠病侯將三十日矣比來小

可

王羲之 · 興福寺斷碑

漢字의 理解

可

'可는 '~을 할 수 있다' 혹은 '~을 할 만하다'는 뜻으로 쓰인다.
秀, 優, 美, 良, 可의 '可'도 이와 같은 의미이다.

용례

可觀　可恐　可能　可當　可望
可憐　可變　可笑　可視　可憎
可燃性　不可分　可及的

動物과 관련된 漢字語

牛步 [牛(우) : 소. 步(보) : 걸음]

鷄肋 [鷄(계) : 닭. 肋(륵) : 갈비]

雀古茶 [雀(작) : 참새. 古(설) : 혀. 茶(자) : 차]

烏骨鷄 [烏(오) : 까마귀. 검다. 骨(골) : 뼈. 鷄(계) : 닭]

燕尾服 [燕(연) : 제비. 尾(미) : 꼬리. 服(복) : 옷]

犬馬之勞 [犬(견) : 개. 馬(마) : 말. 之(지) : ~의. 勞(로) : 수고]

群鷄一鶴 [群(군) : 무리. 鷄(계) : 닭. 一(일) : 하나. 鶴(학) : 학]

烏合之卒 [烏(오) : 까마귀. 合(합) : 모이다. 之(지) : ~의. 卒(졸) : 군사]

格言 · 名句 및 俗談

見義不爲 無勇也라   ―論語
의를 보고도 행하지 않는 것은 용기가 없는 것이다.

鳥足之血
'새 발의 피'로 '아주 적은 분량'을 비유하는 말.

白頭山

白頭山을　中國之人은　謂之長白이요　我國之人은　謂之
白頭니　蓋山極高하여　四時常雪하니　故로　名白頭니라

－耳溪集

백두산을 중국 사람들은 그것을 일러 장백산이라 하고 우리나라 사람들은
그것을 일러 백두산이라고 하니 대개 산이 지극히 높아 사시(사철) 항상 눈
이 있으니 그런 까닭에 백두라고 이름한 것이다.

　字句 풀이

頭(두) : 머리 | 謂(위) : 이르다 | 我(아) : 나. 우리 | 蓋(개) : 대개. 덮개 | 極(극) : 용마
루. 극히 | 四時(사시) : 춘하추동의 사계절 | 常(상) : 항상. 범상하다 | 故(고) : 그런 까
닭에. 일부러. 옛 | 名(명) : '~라 이름하다'

　文法 硏究

· 之(지) : '~의'로 관형격 조사처럼 쓰임. 예 中國之人 : 중국의 사람. 즉 중국사람

· 謂之(위지)~ : '그것을 일러 ~라 하다.' 예 '謂'는 '이르다', '之'는 앞의 '白頭山'을 가리킴.

耳溪集 : 조선 후기 학자인 홍양호(洪良浩, 1724~1802)의 문집으로, 특히 우리나라 山河를 유람한 기록이 많이 실려 있다. 耳溪(이계)는 그의 號이다.

해설

· '漢拏山'은 정상에서 은하수(銀漢)를 당길(拏) 수 있을 정도로 높다고 하여 붙여진 이름이다. 원래 '한나산'으로 읽어야 하나 활음조 현상으로 '한라산'이라고 읽는다.

· '鴨綠江'은 강물이 오리(鴨)의 목덜미처럼 푸르다(綠)라고 하여 붙여진 이름이다.

· '不夜城'은 '不夜城을 이룬 밤거리' 등, '불이 많이 켜져 있어 밤에도 낮처럼 밝은 곳'을 말할 때 쓴다. 원래 不夜城은 齊나라 때 있었던 城이름이다. 예전부터 전해 오는 말에 이곳은 해가 밤에도 떠서 환했다고 한다. 그래서 不夜城이라고 이름을 지었으며 현재 山東省 文登縣 동북쪽에 있다.

· '大理石'은 중국 雲南省 大理縣에서 생산되는 돌의 질이 우수하여 붙여진 이름이다.

鷄鳴狗盜 계 명 구 도

◎ 字句 풀이

鷄(계) : 닭 | 鳴(명) : 울다 | 狗(구) : 개 | 盜(도) : 훔치다

◎ 뜻풀이

닭 울음소리나 개 흉내를 잘 내는 천한 재주나 기능도 훌륭하게 쓰일 때가 있다.

◎ 유래

齊나라 孟嘗君은 비록 罪를 지은 사람이라도 남다른 재주를 지니고 있으면 食客으로 맞아들이니 그 수가 삼천 명을 넘었다. 秦 昭王은 孟嘗君의 명성을 듣고 그를 초청하였다. 그런데 孟嘗君이 秦나라에 들어가자 昭王은 그를 억류하였다.

孟嘗君은 昭王의 애첩에게 도움을 청했다. 그러자 昭王의 애첩은 狐白裘(호백구)를 요구했다. 狐白裘는 여우의 겨드랑이 털로 만든 아주 귀한 옷인데, 이미 昭王에게 바쳤기 때문에 다시 구할 수가 없었다. 이때 孟嘗君을 따라온 식객 한 사람이 개 흉내를 내며 감쪽같이 狐白裘를 훔쳐 昭王의 애첩에게 주었다. 狐白裘를 받은 애첩은 昭王에게 그를 풀어줄 것을 애원하니 昭王은 孟嘗君의 귀국을 허락하였다.

孟嘗君은 곧 말을 달려 한밤중에 국경 근처인 函谷關(함곡관)에 이르렀다. 그를 얼마 후 놓아 준 것을 후회한 昭王이 孟嘗君을 잡아오도록 하였다. 孟嘗君이 급히 관문을 나가려고 했으나 그곳 법에 관문은 첫 닭이 울기 전에는 열리지 않았다. 이때 식객 한 사람이 닭 울음소리를 내자 주변의 모든 닭들이 따라 울었다. 관문이 열리고 孟嘗君은 무사히 齊나라로 돌아올 수 있었다.

鷄肋 계 륵

◎ 字句 풀이

鷄(계) : 닭 | 肋(륵) : 갈비

◎ 뜻풀이

닭의 갈비는 먹을 만한 살은 없지만 그냥 버리기에는 아깝다는 뜻에서 큰 쓸모는 없으
나 버리기는 아까운 사물을 이르는 말.

◎ 유래

曹操와 劉備가 漢中 땅을 차지하기 위해 싸움을 벌이게 되었다. 劉備는 益州를 근거
지로 요소요소에 군사를 배치하여 漢中 지방을 지키고 있었다. 그러나 曹操는 사전에
준비가 없었기 때문에 많은 어려움이 따랐다. 보급이 충분하지 못하여 공격할 수도 없
었고, 그렇다고 해서 지키고 있기도 어려운 형편이었다. 曹操가 결정을 내리지 못하자
부하들이 명령을 내려달라고 曹操를 찾아왔다.

曹操는 이때 닭갈비를 뜯고 있었는데, '鷄肋, 鷄肋' 하며 아무 말이 없었다. 부하들은 아무도 曹操의 말뜻을 몰랐다. 오직 楊修만이 "닭갈비는 먹을 만한 것도 없지만 버리기도 아까운 것이다. 아마 철수를 결정하실 것이다"라고 曹操의 생각을 미리 짐작하였다. 다음날 曹操는 楊修의 말대로 漢中에서 군대를 철수시키고 말았다.

金剛山 宋時烈

山與雲俱白하니	산과 구름이 모두 희니
雲山不辨容이라	구름과 산의 모습을 구별 못하겠네
雲歸山獨立하니	구름이 걷히자 산만 우뚝 서있는데
一萬二千峰이라	금강산 일만 이천봉이로세

◎ 字句 풀이

與(여) : ~와 | 俱(구) : 모두 | 辨(변) : 분별하다. 구별하다 | 容(용) : 모습 | 雲歸(운귀) : 구름이 돌아가다. 즉 구름이 걷혔다는 뜻.

宋時烈(송시열, 1607~1689) 字는 英甫(영보), 號는 尤庵(우암). 조선 중기의 학자. 老論의 영수로, 일생을 성리학 연구에 몰두하여 많은 학자를 배출하였다.

구름 속에 싸인 신비로운 금강산의 모습을 읊은 시이다. 금강산이 구름 속에 덮여 있을 때에는 어느 것이 산이고 어느 것이 구름인지 분간할 수 없었는데, 구름이 걷히자 일만이천 개나 되는 봉우리가 그 웅장하고 아름다운 자태를 한꺼번에 내보였다는 것이다. 結句의 '一萬二千峰'이라는 축약된 표현이 일품이라 하겠다.

過

王羲之 興福寺斷碑

漢字의 理解

過

'過'는 ① 지나다(過客, 過去) ② 잘못(過誤, 過失) ③ 지나치다 등 여러 가지 뜻이 있다. 그 중 '지나치다'의 뜻으로 쓰인 漢字語를 알아보자.

용례

過激　過信　過多　過大　過當　過密
過小　過少　過手　過度　過勞　過分
過飮　過熱　過慾　過用　過剩　過速
過重　過讚　過保護　過恭非禮　過猶不及

動物과 관련된 漢字語

馬脚 [馬(마) : 말. 脚(각) : 다리]

蛇足 [蛇(사) : 뱀. 足(족) : 발]

虎口 [虎(호) : 오랑이. 口(구) : 입]

鳥瞰圖 [鳥(조) : 새. 瞰(감) : 보다. 圖(도) : 그림]

龍鬚鐵 [龍(용) : 용. 鬚(수) : 수염. 鐵(철) : 쇠]

登龍門 [登(등) : 오르다. 龍門(용문) : 협곡 이름]

龍頭蛇尾 [龍(용) : 용. 頭(두) : 머리. 蛇(사) : 뱀. 尾(미) : 꼬리]

兎死狗烹 [兎(토) : 토끼. 死(사) : 죽다. 狗(구) : 개. 烹(팽) : 삶다]

指鹿爲馬 [指(지) : 가리키다. 鹿(록) : 사슴. 爲(위) : ~이르다. 馬(마) : 말]

格言 · 名句 및 俗談

過而不改가 是謂過矣니라 　　　　　　　　　－論語

허물(잘못)이 있는데도 고치지 않는 것, 이것을 허물이라 이른다.

烏飛梨落

'까마귀 날자 배 떨어진다'로, '공교롭게도 어떤 일이 같은 때에 일어나 남의 의심을 받게 됨'을 이르는 말.

尾生之信
尾生이 與女子로 期於梁下러니 女子不來어늘 水至不去
라가 抱柱而死라
　　　　　　　　　　　　　　　　　　　　　　－史記

미생이 여자와 함께 다리 아래에서 (만나기로) 약속을 했는데 여자가 오지
않거늘 (비가 몹시 내려) 물이 이르렀는데도 (그 자리를) 떠나지 않다가 다
리 기둥을 안고서 죽었다.

字句 풀이

尾(미) : 꼬리 | 生(생) : 남자 성씨의 뒤에 붙이는 것으로 존칭의 뜻이 있다. | 與(여) : 주
다. ~와 더불어(함께) | 期(기) : 때. 바라다. 기약하다 | 梁(량) : 들보. 다리 | 至(지) : 이르
다. 지극하다 | 去(거) : 가다. 떨어지다. 버리다 | 抱(포) : 안다. 품다 | 柱(주) : 기둥

文法 硏究

· 於(어) : '于(우)', '乎(호)'와 그 쓰임이 같다. 즉, '~에(서), ~에게, ~로, ~보다' 등의
　뜻이 있는데, 여기서는 장소를 나타내는 '~에, ~에서'로 쓰였다.
· 而(이) : '말이을 이' 즉, 앞뒤의 문장을 연결하여 주는 접속사의 구실을 한다. '而'는
　순접의 '그리고, 그러므로, 그래서'와 역접의 '그러나'의 뜻이 함께 들어 있다.
　(예) 登高山而望天下 : 높은 산에 올라서 천하를 바라본다.(순접)
　　　樹欲靜而風不止 : 나무는 고요하고자 하나 바람이 그치지 않는다.(역접)

史記 : 중국 漢나라 때 司馬遷(사마천)이 黃帝로부터 한나라 文帝까지 역대 왕조의 史蹟을 紀傳體로 적은 역사책. 史書로서뿐만 아니라 문학적으로도 높이 평가되고 있다.

高句麗에서만 쓰던 말이 지금까지 남아 있는 것은 없습니다. 아마 지금 우리가 쓰고 있는 말속에 그대로 스며들어 있겠지요. 그런데 『三國史記』에 '多勿(다물)' 과 '位(위)' 등 두 개의 高句麗 말이 있습니다. 당시 高句麗 말인지 아니면 漢字로 音借(음차)한 것인지 분명히 알 수는 없습니다.

· 주몽(朱蒙)이 인근에 있던 비류국(沸流國)을 점령하여 다물군(多勿郡)이라 하였는데, 고구려 말에 옛 땅을 회복한 것을 '多勿'이라고 하기 때문에 그 곳의 이름을 그렇게 지은 것이다. (高句麗 本紀 東明聖王)

· 산상왕(山上王)의 증조부 이름은 궁(宮)이다. 그는 태어나면서 주변의 사물을 보고 알았다고 한다. 그런데 그의 증손자인 산상왕도 태어나면서 사물을 식별할줄 알았다고 한다. 고구려에서는 서로 같다는 말을 '位'라고 하기 때문에 位宮(증조부 宮과 같다)으로 이름을 지었다. (高句麗 本紀 山上王)

故事成語

指鹿爲馬 지록위마

◎ 字句 풀이

指(지) : 가리키다 | 鹿(록) : 사슴 | 爲(위) : ~이르다 | 馬(마) : 말

◎ 뜻풀이

사슴을 가리켜 말이라고 한다는 뜻에서 1) 윗사람을 농락하여 권세를 마음대로 휘두르는 것 2) 모순된 것을 끝까지 우겨 남을 속이는 것을 의미함.

◎ 유래

秦始皇이 죽자 환관 趙高가 권력을 장악하여, 왕은 단지 허수아비에 불과했다. 趙高는 秦始皇의 큰아들인 扶蘇를 죽이고, 둘째 아들인 胡亥(호해)를 왕으로 세울 정도로

막강한 권력을 휘둘렀다. 그러나 신하들이 자신의 말을 따르지 않을까 걱정이 되어 한 가지 꾀를 내어 시험해 보고자 했다. 그래서 어느 날 사슴 한 마리를 왕에게 바치면서 "말입니다"라고 했다. 왕은 어이가 없어 웃으며 "승상이 잘못 알았소. 사슴을 어째서 말이라고 하오"라고 했다.

왕은 답답하여 주위에 있던 신하들에게 직접 물어 보았다. 그러자 어떤 신하는 아무 말이 없었고, 어떤 신하는 사슴이라고 사실대로 대답했다. 趙高는 이제 자신을 반대하는 신하가 누구인지를 확실하게 알게 되었다. 그는 사슴이라고 대답한 신하들을 모두 죄를 덮어 씌워 죽여버렸다. 그 후 신하들은 모두 趙高를 두려워하여 아무도 그의 잘못을 사실대로 말하는 자가 없었다. 이처럼 趙高가 권력을 한 손에 잡고 마음대로 휘두르던 秦나라는, 결국 秦始皇이 천하를 통일한 지 얼마 되지 않아 망하고 말았다.

兎死狗烹 토사구팽

◎ 字句 풀이

兎(토) 토끼 | 死(사) 죽다 | 狗(구) 개 | 烹(팽) 삶다

◎ 뜻풀이

'토끼를 다 잡고 나면 사냥개를 삶는다'는 뜻에서 필요한 때에는 소중히 여기다가도 쓸모 없게 되면 천대하고 쉽게 버린다는 의미.

◎ 유래

韓信은 漢나라 劉邦과 楚나라 項羽와의 싸움에서 劉邦이 승리하는 데 가장 큰 공을 세운 사람이다. 전쟁이 끝나고 천하를 통일한 劉邦은 韓信을 楚王에 봉했지만, 늘 그가 다른 마음을 품고 반역을 일으킬 것이라고 의심하였다. 이 때 마침 項羽의 부하였

던 鍾離昧(종리매)라는 장수가 옛 친구인 韓信에게 몸을 의탁하고 있다는 보고가 들어왔다. 劉邦은 鍾離昧를 체포하라고 급히 명령을 내렸지만, 韓信은 차마 옛 친구를 저버릴 수가 없어 그 명령을 따르지 않았다.

劉邦은 韓信을 직접 공격해서는 승산이 없다는 것을 알고, 韓信을 비롯한 모든 제후를 모이게 한다. 이는 모임을 빙자하여 韓信을 사로잡으려는 것이다. 韓信은 망설이다 자결한 鍾離昧의 목을 가지고 가서 劉邦에게 바치지만 劉邦은 韓信을 포박하게 했다. 그러자 韓信은 다음과 같이 말했다. "날랜 토끼가 죽고 나면 사냥개도 삶아 먹히고, 높이 나는 새가 사라지면 좋은 활도 집어넣게 되는 법이며, 적국을 쳐부수고 나면 謀臣이 죽는다 했으니, 내가 죽는 것이 당연하도다"

漢詩 鑑賞

山水詩　李安訥

人好鳥亦好한대	사람도 좋고 새 또한 좋은데
況乃溪山奇아	하물며 계곡과 산까지 기이함에랴
山中有閑地하니	산 속에 한적한 땅이 있으니
我欲老於斯라	나는 이 곳에서 늙고자 하노라

◎ 字句 풀이

亦(역) : 또한. 역시 | 況(황) : 하물며 | 乃(내) : 어조사로 별 뜻이 없다 | 奇(기) : 기이하다 | 欲(욕) : ~하고자 하다 | 於(어) : '~에', '~에서'로 장소를 나타냄 | 斯(사) : 이. 이곳

李安訥(이안눌, 1571~1637) : 조선 중기 학자이자 시인. 字는 子敏(자민) 號는 東岳(동악). 시문에 능했으며, 제자 중에 李植 등 이름난 사람들이 많다.

이 시에는 자연을 사랑하고 자연과 더불어 살아가고자 하는 시인의 마음이 잘 드러나 있다. 사람들도 좋고 새 또한 좋은데, 게다가 아름다운 산수가 더욱 마음을 끈다. 이런 한적한 곳에서 늙도록 지낼 수만 있다면 얼마나 좋을까? 자연 속에서 살며, 자연과 하나가 되고자 하는 선인들의 삶의 태도와 정서가 잘 표현되었다.

急

王羲之 樂毅論

漢字의 理解

急

'急'은 보통 '급하다(性急)' '빠르다(急行)' '갑자기(急變)'의 뜻으로 쓰이지만, 다음과 같은 경우는 뒤에 있는 명사의 뜻을 강조하는 용법이다.

용례

急傾斜　急先務　急降下　急上昇　急停車
急停止　急速度　急回轉　急旋回　急進展
急浮上　急pitch　急curve　急tempo

動物과 관련된 漢字語

猪突 [猪(저) : 돼지. 突(돌) : 부딪치다]

狼藉 [狼(랑) : 이리. 藉(자) : 깔다]

狼狽 [狼(랑) : 이리. 狽(패) : 이리]

長蛇陣 [長(장) : 길다. 蛇(사) : 뱀. 陣(진) : 줄]

蛇行川 [蛇(사) : 뱀. 行(행) : 가다. 川(천) : 내]

象牙塔 [象(상) : 코끼리. 牙(아) : 어금니. 塔(탑) : 탑]

鳩首會議 [鳩(구) : 비둘기. 首(수) : 머리. 會(회) : 모이다. 議(의) : 의논하다]

鶴首苦待 [鶴(학) : 학. 首(수) : 머리. 苦(고) : 간절하다. 待(대) : 기다리다]

格言 · 名句 및 俗談

與人同處 不可自擇便利라　　　　　－小學

남과 같이 있을 때에 스스로 (자기만의) 편리함을 택해서는 안 된다.

於異阿異

'어 다르고 아 다르다'로 '같은 내용의 말이라도 말하기에 따라 사뭇 달라진다'는 의미.

無思(抄)

登山則思學其高요　　臨水則思學其淸이오
坐石則思學其堅이오　看松則思學其貞이오
對月則思學其明이라　　　　　　　　　　　　—梅月堂集

산에 오르면 그 높음을 배우기를 생각하며,

물에 임하면 그 맑음을 배우기를 생각하며,

돌에 앉으면 그 단단함을 배우기를 생각하며,

소나무를 보면 그 곧음을 배우기를 생각하며,

달을 마주 대하면 그 밝음을 배우기를 생각한다.

字句 풀이

臨(림) : 임하다 | 堅(견) : 단단하다. 굳세다 | 貞(정) : <u>곧다</u>. 정조

文法 硏究

· 則(즉) : '~이면, ~하면'으로 가정을 나타냄.

　　　예) 不進則退 : 나아가지 못하면 물러나게 된다.

　※ 則(칙) : 規則(규칙), 法則(법칙)

梅月堂集 : 生六臣의 한 분인 김시습(金時習, 1435~1493)의 시문집. 梅月堂(매월당)은 그의 號이다.

美人을 나타내는 漢字語는 傾國之色, 絕世佳人, 丹脣皓齒, 沈魚落雁 등이 있다.

· 傾國之色(경국지색) : '나라(國)를 기울이게(傾)할 만큼 뛰어난 미색(色)'
· 絕世佳人(절세가인) : '한 시대(世)에 뛰어난(絕) 아름다운(佳) 사람(人)'
· 丹脣皓齒(단순호치) : '붉은(丹) 입술(脣) 하얀(皓) 치아(齒)'를 지닌 여인
· 沈魚落雁(침어낙안) : '물고기(魚)가 부끄러워 물속 깊이 가라 앉고(沈), 날아 가던 기러기(雁)가 떨어질(落)' 정도로 아름다운 여인
· 閉月羞花(폐월수화) : '달(月)도 부끄러워 구름이 가리고(閉), 꽃(花)도 부끄러워(羞) 할' 정도로 아름다운 여인

보통 '沈魚'는 越나라 '西施(서시)', '落雁'은 漢나라 '王昭君(왕소군)', '閉月'은 漢나라 '貂蟬(초선)', '羞花'는 唐나라 '楊貴妃(양귀비)'와 얽힌 이야기에서 나왔다. 이들 4명을 이른바 '중국 4대 美人'이라 한다.

管鮑之交 관포지교

◎ 字句 풀이

管(관) : 대롱 | 鮑(포) : 절인 어물 | 之(지) : ~의 | 交(교) : 사귀다

◎ 뜻풀이

管仲과 鮑叔牙 사이의 도타운 우정처럼 서로 믿고 이해하는 친밀한 친구 사이의 사귐.

◎ 유래

管仲과 鮑叔牙는 어렸을 때부터 친구였다. 처음에 둘이서 장사를 하여 이익을 나누는데 管仲이 언제나 많은 몫을 차지했다. 그러나 鮑叔牙는 그를 탐욕스럽다고 여기지 않았다. 그의 집안이 어려운 것을 알았기 때문이다. 管仲이 鮑叔牙를 위해서 일을 할 때에 여러 번 실패를 거듭했지만 鮑叔牙는 그를 어리석다고 여기지 않았다. 사람에게는 유리한 때와 불리한 때가 있음을 알았기 때문이다. 管仲이 세 번 전쟁터에 나아가 세 번 모두 도망쳐 왔을 때에도 鮑叔牙는 그를 겁쟁이라고 여기지 않았다. 그에게 노모가 계신 것을 알았기 때문이다.

그 후 齊나라에 내란이 일어나 管仲이 모시고 있던 公子 糾(규)와 鮑叔牙가 모시던 公子 小白이 왕권을 놓고 다투게 되었다. 이 싸움에서 鮑叔牙가 모시던 小白이 승리하였으니 그가 바로 그 유명한 齊 桓公(환공)이다. 桓公은 왕위에 오른 후 公子 糾를 죽이고, 管仲의 목을 베려 하였다. 그러나 鮑叔牙의 설득으로 그를 용서해 주고 재상으로 임명하였다. 그 후 管仲은 桓公을 도와 천하를 제패하였다. 管仲은 "나를 낳아준 분은 부모님이지만 나를 알아준 사람은 鮑叔牙다(生我者父母 知我者鮑子也)"라고 했다.

伯牙絶絃 백아절현

◎ 字句 풀이

伯(백) : 맏 | 牙(아) : 어금니 | 絶(절) : 끊다 | 絃(현) : 악기 줄

◎ 뜻풀이

伯牙가 자기의 음악 세계를 알아주던 친구가 죽자 거문고 줄을 끊어 버리고 다시는 거문고를 타지 았다는 뜻에서 자기를 알아주는 참다운 벗의 죽음을 슬퍼하는 것을 이르는 말.

◎ 유래

伯牙는 거문고를 잘 타고, 鍾子期는 그 거문고 소리를 잘 이해하였다. 伯牙가 마음 속으로 높은 산을 생각하며 거문고를 타면, 鍾子期는 바로 "좋구나 거문고 소리여! 태산처럼 우뚝하구나"라고 하였다. 伯牙가 마음 속으로 흐르는 물을 생각하면서 거문고를 타면, 鍾子期는 바로 "좋구나 거문고 소리여! 강물처럼 일렁이는구나"라고 하였다. 伯牙가 무슨 곡을 연주하든지 鍾子期는 그가 생각했던 모든 것을 그대로 알아차렸던 것이다. 그러자 伯牙는 거문고를 놓고 탄식하며 말했다. "그대가 내 노래를 이해하는 것이 정말로 훌륭하도다."

후에 鍾子期가 죽자 伯牙는 거문고 줄을 끊어 버리고 죽는 날까지 다시

는 거문고를 타지 않았다. 이제 세상에 자신의 음악을 알아주는 친구가 없었기 때문이다. 이렇게 鍾子期가 伯牙의 音樂을 이해하고 알아준 것처럼 '자기의 마음을 알아주는 친한 벗'을 '知音'이라고 한다.

漢詩 鑑賞

推 句(抄)

綠竹君子節이요 푸른 대나무는 군자의 절개요

靑松丈夫心이라 푸른 소나무는 장부의 마음이로다.

人心朝夕變이나 사람의 마음은 아침저녁으로 바뀌지만

山色古今同이라 산색은 예나 지금이나 한가지로다.

◎ 字句 풀이

節(절) : 마디. 절개 ｜丈夫(장부) : 씩씩한 남자 ｜山色(산색) : 산 빛. 산의 경치 ｜古今
(고금) : 옛날과 지금

推句 : 언제 누구에 의해 만들어졌는지 알 수는 없으나, 四字小學과 더불어 조선시대 아동을 위한 초급 한문 교재로 쓰였다. 여러 책에서 五言漢詩나 名句를 뽑아 편찬한 것이다.

이 시의 지은이는 알 수 없다. 첫째 구와 둘째 구는 출처를 알 수 없으나, 셋째 구와 넷째 구는 宋나라 王銍(왕질)의 '禹廟'라는 시에서 인용했는데, 原詩에는 '人心朝夕變'이 아니라 '市聲朝夕變'으로 되어 있다. 이로 미루어 보아 한 사람이 지은 시가 아니라 두 사람의 詩 중에서 의미가 서로 통하는 좋은 구절을 뽑아 마치 한 편처럼 만든 것으로 보인다.

비교적 쉬운 글자로 지었으나 담고있는 의미는 깊다고 하겠다. 대나무처럼 휘지 않는 꼿꼿한 태도와 소나무처럼 변하지 않는 늘푸른 자세를 갖기란 쉬운 일은 아닐 것이다. 또한 자연은 예나 지금이나 늘 변함이 없건만 사람의 마음은 이해관계에 따라 그 변화조차 예측할 수가 없다는 것이다. 지은이는 대나무 · 소나무 · 산 등 자연물을 통하여 사람들이 그 절개와 변함 없는 삶의 자세를 배우기를 바라고 있는 것이다.

沒

孫過庭 書譜

漢字의 理解

沒 '沒'은 '가라앉다(沈沒)'는 뜻으로 많이 쓰인다. 그러나 '沒'이 명사 앞에 붙으면 그 명사가 뜻하는 바가 전혀 없음을 나타낸다.

용례

沒知覺　沒人情　沒趣味　沒常識
沒廉恥　沒理解　沒人格　沒價値

動物과 관련된 漢字語

蠶食 [蠶(잠) : 누에. 食(식) : 먹다]

龜鑑 [龜(귀) : 거북. 鑑(감) : 거울]

龜裂 [龜(균) : 트다. 裂(렬) : 찢어지다]

蜂起 [蜂(봉) : 벌. 起(기) : 일어나다]

螺絲 [螺(나) : 소라. 絲(사) : 실]

螺旋形 [螺(나) : 소라. 旋(선) : 돌다. 形(형) : 모양]

螢光燈 [螢(형) : 반디. 光(광) : 빛. 燈(등) : 등잔]

麒麟兒 [麒麟(기린) : 기린. 兒(아) : 아이]

虎視眈眈 [虎(호) : 호랑이. 視(시) : 보다. 眈眈(탐탐) : 노려보는 모양]

格言 · 名句 및 俗談

一日不念善이면 諸惡이 皆自起니라 　　　　　—明心寶鑑
하루라도 착함을 생각하지 않으면 여러 악들이 모두 저절로 일어난다.

結者解之
'맺은 사람이 풀어야 한다'로 '일을 저지른 사람이 해결하여야 한다'는 말.

退溪

退溪先生이　僑居漢城할새　隣家有栗樹러니　數枝過牆하여　子熟落庭이어늘　恐兒童取食하여　拾而投之牆外러라

— 士小節

퇴계선생이 서울에 우거하고 계실 때 이웃집에 밤나무가 있었는데 몇 가지가 담장을 넘어와 열매(밤)가 익어 뜰에 떨어졌다. (퇴계선생은) 아이들이 취하여 먹을까 염려하여 주워서 담 밖으로 던져 버렸다.

字句 풀이

退溪：(퇴계) 조선 중기 때 학자인 이황(李滉, 1501~1570)의 호 ｜ 僑(교)：寓居(우거)하다. 즉 타향에서 임시로 삶 ｜ 漢城(한성)：조선시대 서울을 일컫던 말 ｜ 數(수)：서너너덧. 대여섯. 즉 몇몇의 뜻 ｜ 過(과)：지나다(넘다). 지나치다. 허물. ｜ 牆(장)：담 ｜ 子(자)：아들. 열매. 당신 ｜ 恐(공)：두렵다. ~할까 염려하다(걱정하다) ｜ 取(취)：'취하다'로 '땅에 떨어진 것을 줍는다'는 의미 ｜ 拾(습)：줍다

文法 硏究

· 有(유)：'~이 있다'. 이에 비하여 在는 장소와 관련하여 '~에 있다'로 쓰인다.

　　예 有錢(유전)：돈이 있다.

　　　在京同門會(재경동문회)：서울에 있는 동문들의 모임

士小節 : 숙종 때(1695)에 이덕무(李德懋)가 지은 수신서(修身書). 선비와 부녀자, 아동들이 일상생활에서 지켜야 할 예절과 수신에 관한 내용을 기록한 책.

해설

우리가 흔히 쓰는 漢字語 가운데 그 정확한 音을 모르고 쓰는 것들이 있다.

납양특집 — 納凉(납량)	풍지박살 — 風飛雹散(풍비박산)
단임선생님 — 擔任(담임) 선생님	홀홀단신 — 孑孑單身(혈혈단신)
표식 — 標識(표지)	야밤도주 — 夜半逃走(야반도주)
각출 — 醵出(갹출)	성대묘사 — 聲帶模寫(성대모사)
파토가 나다 — 破鬪(파투)가 나다	절대절명 — 絶體絶命(절체절명)
막연한 친구 — 莫逆(막역)한 친구	산수갑산 — 三水甲山(삼수갑산)
갱의실 — 更衣室(경의실)	천향지차 — 天壤之差(천양지차)

故事成語

五十步百步 오십보백보

◎ 字句 풀이

五(오) : 다섯 │ 十(십) : 열 │ 步(보) : 걸음 │ 百(백) : 일백

◎ 뜻풀이

전쟁터에서 오십보를 달아난 것이나 백보를 달아난 것이나 도망친 것은 같다는 뜻에서 겉으로 보기에 약간의 차이는 있으나 본질적으로는 같다는 말.

◎ 유래

梁惠王(양혜왕)은 孟子에게 다음과 같은 질문을 하였다. "저는 나라를 다스리는 데 전심전력을 다하고 있습니다. 河內에 흉년이 들면 河東의 곡식을 옮겨 주고 河東에 흉년이 들어도 또한 그렇게 합니다. 다른 나라는 저처럼 하지 않는데, 어째서 우리나라의 백성이 더 늘어나지 않습니까?"

그러자 孟子는 이렇게 대답했다. "왕께서 전쟁을 좋아하시니 전쟁으로 비유하겠습니다. 둥둥 북이 울려 싸움이 시작되어 접전을 벌이는데 군사들이 갑옷과 무기를 버리고

달아나고 있습니다. 어떤 자는 오십보를 도망가서 멈추고 어떤 자는 백보를 도망가서 멈추었습니다. 그런데 오십보 도망간 사람이 백보 도망간 사람을 겁쟁이라고 비웃는 다면 어떻겠습니까?"

梁惠王은 "백보는 아니지만 오십보를 도망간 것도 역시 도망간 것입니다"라고 했다. 그러자 孟子는 "그렇다면 왕께서는 이웃 나라보다 백성이 많아지기를 바라지 마십시 오"라고 하였다.

杞憂 기우

◎ 字句 풀이

杞(기) : 나라 이름 │ 憂(우) : 근심

◎ 뜻풀이

'기나라 사람의 근심(杞人之憂)'을 줄인 말로 하늘이 무너지고 땅이 꺼질까 염려하는 것 처럼 쓸데없는 걱정을 이르는 말.

◎ 유래

杞나라에 하늘이 무너지고 땅이 꺼질 것을 걱정하여 끼니를 거르고 잠을 못 이루는 사람 이 있었다. 이를 염려한 한 사람이 그를 찾아와 "하늘은 기운이 가득 쌓여 있으므로 무너 지지 않는다. 사람이 움직이고 숨쉬는 것은 모두 기운 속에서 하는 것이니 어째서 무너 지겠는가. 또한 땅은 사방에 흙덩이가 가득 차 있으므로 꺼지지 않는다. 사람이 걸어 다 니고 뛰노는 것을 모두 이 땅 위에서 하고 있는데, 어째서 꺼질 수 있겠는가"라고 설득했 다. 그러자 그는 비로소 꿈에서 깨어난 듯 기뻐하며 활기를 되찾았다.

四時 陶潛

春水滿四澤이요	봄 물은 사방 못에 가득차고
夏雲多奇峰이라	여름 구름은 기이한 봉우리가 많구나
秋月揚明暉요	가을 달은 밝은 빛을 드날리고
冬嶺秀孤松이라	겨울 산마루에는 외로운 소나무가 빼어나네

◎ 字句 풀이

四澤(사택) : 사방의 못 │ 奇(기) : 기이하다 │ 揚(양) : 발산하다, 날리다 │ 暉(휘) : 빛 │

秀(수) : 빼어나다

陶潛(도잠, 365~427) : 중국 東晉 때의 시인. 字는 淵明(연명)이다. 그의 歸去來辭(귀거래사)는 벼슬을 그만두고 전원으로 돌아가서 지내고자 하는 자신의 의지를 나타낸 글로 후세에 널리 애송되었다.

춘하추동 사계절의 변화를 각 계절의 가장 특징적인 모습을 통해 간결하게 묘사하였다. 봄이 되어 겨우내 얼었던 얼음이 녹아 사방 연못에 물이 가득 찬 모습, 여름철 구름이 기이한 봉우리처럼 솟아오른 모습, 가을철 어느 계절보다 밝은 빛을 토해내는 둥근 달, 겨울철 다른 나무는 잎이 다 떨어졌는데도 유독 한 그루 소나무만이 푸른빛을 띠고 산마루에 고고하게 서 있는 모습 등 사계절의 아름다운 정경이 잘 묘사되어 있다. 아울러 전체적으로 사계절의 변화를 통해 자연의 질서와 조화도 느낄 수 있다.

苦

王羲之 集字聖教序

漢字의 理解

苦 '苦'는 원래는 '씀바귀'라는 뜻이었는데, 이로부터 '쓰다' '괴롭다'는 의미가 파생되었다.

용례

苦心　苦難　苦生　苦樂　苦杯
苦戰　苦悶　苦惱　苦痛　苦學
苦行　苦楚　苦言　苦衷　苦待
刻苦　勞苦　産苦
苦盡甘來　惡戰苦鬪

自然과 관련된 漢字語

雲集 [雲(운) : 구름. 集(집) : 모이다]

霧散 [霧(무) : 안개. 散(산) : 흩어지다]

電擊 [電(전) : 번개. 擊(격) : 치다]

靑雲 [靑(청) : 푸르다. 雲(운) : 구름]

落雷 [落(락) : 떨어지다. 雷(뢰) : 천둥]

避雷針 [避(피) : 피하다. 雷(뢰) : 천둥. 針(침) : 바늘]

附和雷同 [附(부) : 붙다. 和(화) : 합치다. 雷(뢰) : 천둥. 同(동) : 한가지]

電光石火 [電(전) : 번개. 光(광) : 빛. 石(석) : 돌. 火(화) : 불]

雪上加霜 [雪(설) : 눈. 上(상) : 위. 加(가) : 더하다. 霜(상) : 서리]

靑天霹靂 [靑(청) : 푸르다. 天(천) : 하늘. 霹(벽) : 벼락. 靂(력) : 벼락]

格言·名句 및 俗談

常以責人之心으로 責己하고 恕己之心으로 恕人하라 – 小學
늘 남을 책망하는 마음으로 자기를 책망하며, 자기를 용서하는 마음으로
남을 용서하라.

同價紅裳
'같은 값이면 다홍치마'로 '같은 값이면 좀더 나은 것을 골라 가진다'는 말.

漢拏山

其曰漢拏者는 以雲漢可拏引也라 其頂有大池한대

五月猶雪在하니라   － 新增東國輿地勝覽

그것을 한라라고 하는 것은 은하수를 잡아당길 수 있을 듯하기 때문이다.

그 정상에는 커다란 못이 있는데 오월에도 아직 눈이 남아 있다.

高距天才尺하고 五月에도 雪尙不消라

最上白鹿潭은 乃群仙降遊之地라   － 勉庵集

높이는 하늘과 겨우 한 자(尺) 정도 떨어져 있고 오월에도 눈이 여전히 녹

지 않는다. 가장 위 백록담은 바로 여러 신선들이 내려와 놀던 곳이다.

 字句 풀이

其(기) : 그 | 拏(나) : 당기다. 잡다. '한나(漢拏)'는 활음조(滑音調)현상으로 '한라'로 발음

하고 쓴다 | 雲漢(운한) : 은하수 | 拏引(나인) : 끌어당기다 | 頂(정) : 꼭대기. '其頂'은 '그

꼭대기'의 뜻으로 '其'는 '한라산'을 가리킴 | 池(지) : 못. 즉 '大池'는 '백록담(白鹿潭)'을 가

리킴 | 猶(유) : 오히려(여전히, 아직도) | 距(거) : 떨어지다 | 才(재) : 재주. 겨우(=纔) | 尺

(척) : 자(길이의 단위) | 尙(상) : 오히려(口尙乳臭). 숭상하다 | 消(소) : 사라지다. 녹다 |

最上(최상) : 가장 위 | 乃(내) : 바로. 이에 | 降(강, 항) : 내려오다(강), 항복하다(항)

文法 硏究

· 曰(왈) : '말하다', '~라고 하다'로 쓰인다.

  예 孔子曰~ : 공자께서 말씀하시기를~

  仲秋 俗曰秋夕 : 중추절은 時俗(시속)에서는 추석이라고 한다.

· 以(이) : '~때문이다'로 원인 · 이유를 나타냄.

  예 以勇氣 聞於人 : 용기 때문에 사람들에게 알려지다.

· 新增東國輿地勝覽 : 조선 전기 때 이행(李荇, 1478~1534) 등이 『동국여지승람』을 증보 개정한 지리책.
· 勉庵集 : 조선 말기 학자이자 의병장인 최익현(崔益鉉, 1833~1906)의 문집. 면암(勉庵)은 그의 號이다. 위 글은 濟州島에 유배 갔을 때 지은 「遊漢拏山記」이다.

예전에 地名은 어떻게 지었을까?

어떤 것은 역사적인 사건이나 전해오는 이야기에 근거하여 지어지기도 한다. '往十里(왕십리)'는 조선 개국 후 도읍을 정하러 무학대사가 이곳저곳을 돌아다닐 때 우연히 어떤 노인을 만났더니 '이곳으로부터 서북으로 십리(十里)를 더 가라(往)'고 하여 붙여진 이름이다.

또 '洗劍亭(세검정)'은 仁祖反正을 주도한 사람들이 이곳에서 칼(劍)을 씻었다

(洗)고 하여 붙여진 것이다.

'말죽거리'는 인조(仁祖)가 이괄(李适)의 난을 피하여 남으로 피난을 가던 중 배고픔과 갈증이 매우 심하여 팥죽을 쑤어 올리자 말 위에서 급히 죽을 먹고 떠났다고 한다. 그 뒤 그곳을 '임금이 말 위에서 죽을 먹은 곳'이라 하여 말죽거리라고 부르게 되었다.

한편, 어떤 곳은 지역적인 특색으로 지어지기도 한다. 鷹岩洞(응암동)은 그곳에 '매(鷹)' 모양의 '바위(岩)'가 있어서이고, 冠陽洞(관양동)은 '冠岳山(관악산)'의 '남(산의 남쪽을 陽이라고 함)'에 있기 때문에 붙여진 이름이다.

또, 東崇洞(동숭동)은 崇敎坊(숭교방) 동쪽, 西氷庫洞(서빙고동)은 조선시대 얼음 창고(氷庫)의 서쪽에 있었기 때문이다.

愚公移山 우공이산

◎ 字句 풀이

愚(우) : 어리석다 | 公(공) : 존칭 | 移(이) : 옮기다 | 山(산) : 산

◎ 뜻풀이

남이 보기에는 어리석어 보이지만 아무리 큰 일이라도 포기하지 않고 계속 하다 보면 언젠가는 목적을 달성하게 된다.

◎ 유래

太行山(태항산)은 둘레가 칠백 리나 되고 높이가 만 길이나 되는 커다란 산이다. 愚公은 나이가 아흔 가까이 된 노인이었다. 그는 太行山이 앞을 가로막고 있었기 때문에, 나다니기에 몹시 불편하여 가족들과 함께 힘을 모아 이 산을 옮기기로 했다. 그는 아들, 손자와 함께 산을 허물고 돌을 깨서 삼태기에 담아 渤海(발해)까지 가서 버리고 왔는데 한 번 갔다 오는 데 일 년이 걸렸다고 한다. 인근에 사는 知叟(지수)라는 노인이 이 광경을 보고 웃으며 "살 날도 얼마 남지 않은 사람이 그 약한 힘으로 어떻게 많은 돌과 흙을 옮기려 하는가?"라고 했다.

그러자 愚公은 "당신은 어찌 그렇게 소견이 좁소? 내가 죽더라도 나에게는 자식이 남아 있고, 그 자식이 손자를 낳고 그 손자가 다시 자식을 낳지 않겠소? 이렇게 우리는 자자손손 대를 이어 가지만 산은 절대로 불어나는 일이 없을 것 아니요. 그러니 언젠가는 산이 평평해질 날이 오겠지요"라고 했다. 이 말을 들은 知叟는 아무 말도 하지 못했다.

산신령이 이 말을 듣고 깜짝 놀라 산이 없어질까 겁이 났다. 그래서 옥황상제에게 이를 말려 주도록 호소했다. 그러나 옥황상제는 愚公의 정성에 감동하여 太行山을 옮겨 주었다.

蛇足 사족

◎ 字句 풀이

蛇(사) : 뱀 ｜ 足(족) : 다리

◎ 뜻풀이

'畫蛇添足(화사첨족)'의 준말로 뱀을 그리는 데 발까지 그려 넣는다는 뜻에서, 안 해도 될 쓸데없는 일을 하다가 도리어 일을 그르침.

◎ 유래

楚나라의 재상인 昭陽은 魏나라를 쳐서 승리하자 군대를 이동시켜 다시 齊나라를 공격하려 했다. 그러자 다급해진 齊나라는 陳軫(진진)을 楚나라에 보내 다음과 같이 昭陽을 설득했다.

"楚나라에서 여러 사람들이 술 한 대접을 놓고 뱀을 먼저 그린 사람이 그 술을 다 마시기로 하였습니다. 어떤 사람이 먼저 뱀을 다 그리고 나서 왼손으로 그 술잔을 들고 오른손으로 계속 뱀의 발을 그리며 자신은 뱀의 발도 그릴 수 있다고 자랑했습니다. 그러자 옆에 있던 사람이 뱀을 다 그리고 나서 그의 술잔을 빼앗으며 '뱀은 원래 발이 없는데 당신은 어찌 발을 그리는가?'라 하고 술을 마셔버렸습니다. 뱀의 발을 그린 사람은 끝내 술 한 방울도 마시지 못하였습니다. 재상께서는 지금 魏나라를 공격하여 장군들을 죽이고 여러 성을 빼앗아 명성이 이미 더할 수 없이 높아졌습니다. 앞으로 齊나라와의 전쟁에서 이기더라도 재상의 관직이 더 높아지지도 않을 것이고, 만에 하나 잘못되

면 벼슬도 뺏기고 목숨까지 잃게 될 뿐입니다. 이것은 뱀을 다 그려 놓고 다시 발을 그
리는 것과 같습니다."

昭陽은 그의 말을 옳다 여기고 군대를 철수해 돌아갔다.

春曉　孟浩然

春眠不覺曉러니　봄잠에 날 새는 줄 몰랐더니
處處聞啼鳥라　곳곳에서 새 지저귀는 소리 들리네
夜來風雨聲하니　간밤에 비바람 소리 들렸으니
花落知多少아　꽃은 얼마나 졌을까

◎ 字句 풀이

曉(효) : 새벽 │ 眠(면) : 잠자다 │ 覺(각) : 깨닫다 │ 處處(처처) : 곳곳에 │ 啼鳥(제조) :
우는 새소리. 즉, 새가 운다 │ 夜來(야래) : '밤에'로, 여기서 '來'는 어조사로 뜻이 없다 │
多少(다소) : 얼마나 │ 知多少(지다소) : '얼마인 줄 알리오'로, 알지 못한다는 의미이다.

孟浩然(맹호연, 689~740) : 중국 唐나라 때의 시인. 이름은 浩, 字는 浩
然(호연)이다. 평생 전원에 은거하였으며 자연을 읊은 시가 많다. 王維
(왕유)와 함께 자연파 시인으로 알려짐.

나른한 봄날 잠에서 깨어 보니 날은 이미 밝고, 새들은 나무가지에 앉아 지저
귀고 있다. 어젯밤 비바람이 몰아쳤는데 그 비바람 속에 꽃은 얼마나 졌을까.
꽃이 지면서 가 버리는 봄에 대한 아쉬운 정감이 잘 나타나 있다.

楚然求物夕若其自嘉亰徭沈弟作个令

也嬬江尭所乐也亦

先生之所知不匳

先生之先君苇鞍也南望不觉为之帳然况世

問新事歲笑雨月不同笑近聞若並序廟辛

今官間欲与匈隱匹為注子果浮如鄧川寧

當作一夜頛也歲受新米之

惠故不預感慄間曰肎月憲廟候將三十旦笑比末小

大

王羲之 蘭亭序

漢字의 理解

大 '大'는 成人이 양팔을 벌리고 있는 모습을 본떠 만든 글자로 보통 '크다'는 뜻으로 쓰이는데, 명사 앞에 붙어 '큰' '대단한' '뛰어난' 등의 뜻을 나타낸다.

용례

大盛況　大成功　大部分　大多數　大滿員
大賣出　大都市　大團圓　大規模　大自然
大丈夫　大歡迎　大家族　大淸掃　大騷動
大學者　大單位

自然과 관련된 漢字語

解氷 [解(해) : 풀리다. 氷(빙) : 얼음]

星霜 [星(성) : 별. 霜(상) : 서리]

星火 [星(성) : 별. 火(화) : 불]

彗星 [彗(혜) : 쓰는 비. 星(성) : 별]

綺羅星 [綺(기) : 비단. 羅(라) : 비단. 星(성) : 별]

月下老人 [月(월) : 달. 下(하) : 아래. 老(노) : 늙다. 人(인) : 사람]

雨後竹筍 [雨(우) : 비. 後(후) : 뒤. 竹(죽) : 대나무. 筍(순) : 죽순]

格言 · 名句 및 俗談

與朋友交하되 言而有信이니라 　　　　　　　　　　　　　　－論語
벗과 사귀되 말에 믿음이 있어야 한다.

牛耳讀經
'소귀에 경 읽기'로 '둔한 사람은 아무리 일러도 알아듣지 못한다'는 말.

登龍門

河津은 一名龍門이니 水險不通하고 魚鼈之屬도 莫能
上이라 江海大魚가 集龍門下數千이로되 不得上이요 上則
爲龍이라

— 後漢書

하진은 일명 용문이라 하니 물(水勢)이 험하여 (배도) 통하지 못하고 물고
기, 자라 등속도 올라갈 수 없다. 강과 바다의 큰 고기들이 용문 아래에 수
천 마리가 모였지만 올라갈 수 없었고 오르기만 하면 용이 되었다.

 字句 풀이

河津(하진) : 황하(黃河) 동쪽에 있는 고을로 지금 산서성(山西省) 직산현(稷山縣)에 있
다. 이 하진현 서쪽의 급류가 흐르는 곳을 용문(龍門)이라고 한다. | 一名(일명) : 따로
부르는 이름 | 險(험) : 험하다 | 通(통) : 통하다(왕래하다) | 鼈(별) : 자라 | 屬(촉, 속) :
붙다. 맡기다(촉). 무리. 살붙이. 따르다(속) | 上(상) : 위. 오르다 | 集(집) : 모이다 | 數
(수) : 서너 너덧. 대여섯. 즉 '몇'의 뜻.

文法 硏究

· 不(불, 부) : 부정을 나타냄. '아니다' '못하다'의 뜻.

　　ⓔ 不高(불고) : 높지 않다

　　　不知(부지) : 알지 못하나

· 之(지) : '～의'. 관형격 조사처럼 쓰임.

　　ⓔ 師弟之道 : 스승과 제자의 도리

· 莫能(막능) : '～할 수 없다'. '莫'은 부정을 나타냄.

　　ⓔ 莫能當 : 당해낼 수 없다.

· 不得(부득) : '得'은 '얻다'는 뜻이 아니라 동사 앞에 쓰이면 '能(～할 수 있다)'의 뜻으로
쓰인다.

　　ⓔ 不得聞 : 들을 수 없다.

· 則(즉) : '～이면, 하면'으로 가정을 나타냄.

後漢書 : 중국 宋나라 때 범엽(范曄, 398~445)이 편찬한 책. 後漢 임금
들의 사적을 紀傳體로 적은 역사서.

'登龍門'의 반대되는 말은 '점액(點額)'이라 한다. '점(點)'은 '흉터가 생기다'는 뜻
이고, '액(額)'은 '이마'인데, 龍門을 오르려고 급류에 도전하다가 바위에 이마를
부딪쳐 상처를 입고 하류로 떠내려가는 물고기를 말한다. 즉, 경쟁에서의 패배
자, 시험에서의 낙방자를 일컫는 말이다.

故事成語

螢雪之功 형설지공

◎ 字句 풀이

螢(형) : 반디 │ 雪(설) : 눈 │ 之(지) : ~의 │ 功(공) : 공

◎ 뜻풀이

밤에 반딧불과 눈 빛으로 책을 읽었다는 뜻에서 어려운 여건을 극복하고 꾸준히 공부를 하여 얻은 보람.

◎ 유래

晉나라의 車胤(차윤)은 어릴 때부터 공손하고 근면하며 열심히 공부했다. 그러나 집안이 가난하여 밤에 책을 읽으려 해도 등잔을 켤 기름을 구할 수가 없었다. 그래서 여름에는 비단 주머니에 반딧불 수십 마리를 잡아넣고 그 불빛으로 밤을 세워 책을 읽었다. 그는 관직이 吏部尙書에까지 이르렀다.

孫康(손강)은 어려서부터 청
렴하고 아무 친구나 함부로
사귀지 않았다. 집안이 가
난해서 기름을 사지 못하자
흰 눈에 책을 비추어 공부를
했다. 그는 관직이 御史大
夫에까지 이르렀다.

斷機之戒 단기지계

◎ 字句 풀이

斷(단) : 끊다 ┃ 機(기) : 베틀 ┃ 之(지) : ～의 ┃ 戒(계) : 훈계

◎ 뜻풀이

짜던 베도 도중에 자르면 아무 쓸모 없이 되듯이 학문도 중도에 그만 두지 말고 꾸준히 계속해야 한다는 가르침.

◎ 유래

孟子가 어렸을 때 공부를 마치고 돌아오니 孟子 어머니가 베를 짜다가 "공부가 어느 정도에 이르렀느냐?"고 물었다. 孟子가 "그만 저만 합니다"라고 대답하니, 어머니가 칼로 그 베를 끊어버렸다. 그러자 孟子가 두려워하면서 그 까닭을 물으니, "네가 학업을 그만두는 것은 내가 짜던 베를 끊어버리는 것과 마찬가지다"라고 말했다. 孟子는 느낀 바 있어 아침 저녁으로 쉬지 않고 부지런히 배우며, 子思를 스승으로 섬겨 드디어 천하의 이름난 학자가 되었다.

偶吟 宋翰弼

花開昨夜雨러니	어젯밤 비에 꽃이 피더니
花落今朝風이라	오늘 아침 바람에 꽃이 지네
可憐一春事가	가련하구나 이 한 봄의 일들이
往來風雨中이라	비바람 속에 오고 가는구나

◎ 字句 풀이

偶吟(우음) : 우연히 시를 읊다 | 昨夜雨(작야우) : 어젯밤 비 | 可憐(가련) : 가엾고 불쌍함 | 一春事(일춘사) : 봄철의 모든 일들

宋翰弼(송한필) : 字는 季翁(계옹), 號는 雲谷(운곡). 조선 중기때의 학자. 형 宋翼弼(송익필)과 함께 이름이 높았다. 율곡 李珥선생이 '성리학을 함께 논할 만한 사람은 익필, 한필 형제뿐'이라 할 정도로 학문에 조예가 깊었다.

어젯밤 비를 맞아 꽃이 활짝 피더니 하루도 못 가 활짝 핀 꽃이 비바람에 떨어져 버렸다. 지은이는 아름답게 피어난 꽃이 금방 져버린 것을 아쉬워하며 아름다운 꽃들이 심술궂은 비바람에 떨어지고 순식간에 봄도 함께 가 버린 안타까움과 허무함을 노래하였다. 꽃이 비바람 속에 피고 진다는 간결한 표현으로 詩想을 전개한 기법이 돋보인다.

王羲之 十七帖

漢字의 理解

'多'는 '제사 드릴 때 고기(夕)를 포개어 놓은 것'을 본뜬 글자로 '많다'는 뜻이다. 명사 앞에서도 '많은' '여러'의 뜻으로 쓰인다.

용례

多方面 多角度 多年間 多段階
多目的 多世帶 多音節
多情多感 多情佛心 多事多難
多事多忙 多多益善 多才多能

自然과 관련된 漢字語

風聞 [風(풍) : 바람. 聞(문) : 듣다]

風靡 [風(풍) : 바람. 靡(미) : 쓰러지다]

風霜 [風(풍) : 바람. 霜(상) : 서리]

風塵 [風(풍) : 바람. 塵(진) : 티끌]

風雲兒 [風(풍) : 바람. 雲(운) : 구름. 兒(아) : 아이]

風飛雹散 [風(풍) : 바람. 飛(비) : 날다. 雹(박) : 우박. 散(산) : 흩어지다]

風前燈火 [風(풍) : 바람. 前(전) : 앞. 燈(등) : 등잔. 火(화) : 불]

平地風波 [平(평) : 평평하다. 地(지) : 땅. 風(풍) : 바람. 波(파) : 물결]

格言 · 名句 및 俗談

擇友엔 必取好學好善方嚴直諒之人이니라　　－擊蒙要訣

벗을 택할 때에는 반드시 학문을 좋아하고 착한 일을 좋아하며 바르고 엄
하며 정직하고 성실한 사람을 취해야 한다.

吾鼻三尺

'내 코가 석자'로 '내 사정이 급하여 남을 돌볼 겨를이 없음'을 이르는 말.

檀 君

東方에 初無君長이러니 有神人이 降于太白山檀木下어늘

國人이 立以爲君하고 國號朝鮮이라 하니 是爲檀君이라

— 童蒙先習

우리나라에 처음에는 임금이 없었는데 어떤 신인(神人)이 태백산의 박달

나무 아래로 내려오자 사람들이 (그를) 세워서 임금으로 삼고 나라를 조선

이라 부르니 이 사람이 단군이다.

字句 풀이

東方(동방) : 동쪽, 즉 우리나라를 지칭함 | 初(초) : 처음, 애초에 | 君長(군장) : 우두머

리, 군주(임금) | 神人(신인) : 신령스러운 사람 | 降(항, 강) : 항복하다(항) 降伏, 내리다

(강) 降雨量 | 太白山(태백산) : 지금의 백두산, 혹은 묘향산이란 설(說)이 있음 | 檀(단)

: 박달나무 | 立(립) : 서다, 세우다 | 號(호) : 부르짖다, 부르다, 이름 | 朝鮮(조선) : '아

침해가 빛난다'는 뜻으로, 고조선(古朝鮮)을 가리킴 | 是(시) : 이, 옳다

文法 硏究

· 有(유) : 이런 경우 '~이 있다'보다는 보통 '어떤'의 뜻으로 해석한다.

　　예) 有老人曰~ : 어떤 노인이 말하기를~

· 于(우) : '於' '乎'와 그 용법이 비슷하며, '~에, ~에게, ~보다'의 뜻으로 쓰인다. 여기 서는 장소를 나타내는 '~에'의 뜻이다.

> 예 其人 居于漢陽 : 그 사람은 한양에 산다.

· 以爲(이위)~ : '~생각하다, 여기다, 삼다, 만들다'의 뜻으로 쓰인다. 여기서는 '삼다'의 뜻으로 쓰였다. 보통은 '以A爲B'가 일반적인 문형으로, 'A를 B로 생각하다, 여기다, 삼다, 만들다'의 뜻인데, 여기서는 'A'가 생략된 형태이다. 즉, '神人'이 생략 되었다.

· 爲(위) : '~이다'의 뜻

> 예 四海同胞 爲兄弟 : 천하의 동포가 형제이다.

童蒙先習 : 조선 성종때 학자인 박세무(朴世茂)가 엮은 아동용 교재.

원래 순수한 우리말 地名이 漢字로 정착이 되면서 본래 의미와 전혀 다른 엉뚱 한 글자로 바뀐 것들이 있다.

'論山' 지역은 순 우리말로 '누르 뫼'라 불리우던 곳이다. 한때 '누르다(黃)' '뫼 (山)' 즉 '黃山'으로 불리기도 했다고 한다. 그런데 세월이 흐르면서 '누르 뫼'가 음이 변하여 '놀 뫼'라고 불려졌고 '놀'을 음이 비슷한 漢字인 '論'으로 바꾸어 지 금의 '論山'이 되었다고 한다.

서울 '筆洞'은 조선시대 漢城 南部 部事務所가 있었던 곳으로 사람들이 줄여서 '남붓골' 또는 '붓골'이라고 불렀다고 한다. 이 역시 漢字로 정착이 되면서 '붓'이 '筆(필)'로 바뀌어 붓과는 전혀 관련이 없는 '筆洞'이 된 것이다.

錦衣夜行 금의야행

◎ 字句 풀이

錦(금) : 비단 | 衣(의) : 옷 | 夜(야) : 밤 | 行(행) : 다니다

◎ 뜻풀이

'비단옷을 입고 밤길을 다닌다'는 뜻으로 '아무리 자랑스러운 일을 해도 남이 알아 주지 않는다'는 말이다.

◎ 유래

項羽는 鴻門(홍문)의 연회에서 劉邦을 죽일 기회를 놓친 후, 서쪽으로 진격하여 秦나라 수도인 咸陽으로 쳐들어갔다. 그러나 이 곳은 劉邦이 이미 입성하여 항복을 받아 놓은 뒤라, 項羽는 궁궐을 모두 불태우고 劉邦에게 항복해 잡혀 있던 秦王을 끌어내어 죽였다. 그리고 쓸 만한 집들은 모두 태워 버리고 창고에 쌓인 금은보화와 미인들을 모두 수레에 싣고서 떠나려고 하였다.

그러자 韓生이라는 신하가 "秦나라의 關中 땅은 험한 산천이 사방을 막고 있고 땅이 비옥하기 때문에 이곳에 도읍을 하면 천하를 가질 수 있습니다"라고 하며 이곳에 머물러 도읍을 정할 것을 권했다. 그러나 項羽는 이미 불타 버린 咸陽이 싫어 고향으로 돌아가려고 하였다. 그래서 그는 "부귀해지고 나서 고향에 돌아가지 않는 것은 비단옷을 입고 밤길을 다니는 것과 같다. 누가 알아주겠는가?"라 하였다. 韓生은 물러나와 "楚나라 사람들은 원숭이에게 갓을 씌워 놓은 것처럼 조급하다고 하더니 꼭 맞는 말이군"이라고 하였다. 이 말을 전해 들은 項羽는 크게 노하여 그를 삶아 죽였다고 한다.

四面楚歌 사면초가

◎ 字句 풀이

四(사) : 넷 | 面(면) : 방향. 쪽 | 楚(초) : 나라 이름 | 歌(가) : 노래

◎ 뜻풀이

사방이 모두 적에게 둘러싸여 어느 누구의 도움도 받을 수 없는 고립된 상태를 나타내는 말.

◎ 유래

楚王 項羽는 垓下(해하)에서 韓信이 지휘하는 漢나라 군사에게 포위를 당하였다. 項羽의 진영은 식량도 다하고 군사들도 적어 사기가 점점 떨어지고 있었다. 이때, 漢나라 張良이 꾀를 내어 한밤중에 楚나라 노래를 부르게 했다. 전황이 점점 불리해지는 전쟁터에서 고향의 노래를 들은 楚나라 군사들은 전의를 더욱 상실하게 되었다. 項羽

는 사방에서 楚나라 노래 소리가 들리자 크게 놀라며 '漢나라가 이미 우리 楚 땅을 다 차지했는가? 어째서 楚나라 사람이 이렇게 많은가'라고 생각하였다.

남은 군사들을 모아 최후의 결전을 결심한 項羽는 사랑하는 여인 虞美人(우미인)을 보자 슬픈 감정을 누를 길이 없어 마지막 노래를 불렀다. "힘은 산을 뽑을 수 있고 기운은 세상을 덮었지만 때가 불리하니 烏騅馬(오추마)도 가지 못하는구나. 烏騅馬가 가지 못하니 어이하랴. 虞美人이여! 虞美人이여! 너를 어찌하리" 노래를 마치자 두 눈에서 눈물이 흘러내렸다. 그날 밤 項羽는 간신히 포위를 뚫고 탈출에 성공했지만 이미 천하의 대세는 劉邦에게 기울었고, 추격을 당하던 項羽는 끝내 자결을 하고 만다.

漢詩 鑑廻

山寺 李達

寺在白雲中한대	흰 구름 속에 절이 있는데
白雲僧不掃라	흰 구름을 스님은 쓸지않네
客來門始開하니	손님이 와서야 비로소 문을 여니
萬壑松花老라	온 골짜기 송홧가루 하마 쇠었더라

◎ 字句 풀이

掃(소) : 쓸다 | 始(시) : 비로소, 처음으로 | 萬壑(만학) : 온 골짜기 | 松花老(송화로) : 송화(소나무 꽃가루)가 쇠었다. 송화가 시들어 떨어진다는 의미. 즉, 벌써 봄도 다 갔다는 의미이다.

李達(이달) : 字는 益之(익지), 號는 蓀谷(손곡). 朴淳의 문인으로 일찍부터 문장에 능하여, 同門인 崔慶昌(최경창), 白光勳(백광훈)과 함께 三唐詩人(삼당시인)으로 일컬어짐.

절이 깊고 높은 산 속에 자리잡고 있어 항상 구름 속에 파묻혀 있다. 구름 속에 잠겨 있는 절은 인적이 드물기 때문에 찾아오는 이도 없었다. 이렇게 仙境(선경)에 싸인 山寺에 방문객이 찾아오자 비로소 문을 열고 바깥 세상과 마주하게 된다. 그러나 산사 밖으로 보이는 것은 그나마 봄도 다 지나 하염없이 떨어지는 송화가루뿐이었다. 계절의 변화에 무심한 정적에 싸여 있는 산사의 풍경이 마치 한 폭의 그림을 보는 듯하다. 흰 구름을 쓸지 않는다는 표현도 재미있지만 특히 흰 구름과 노란 송홧가루가 색감의 대비를 이루고 있어 회화적인 느낌을 준다.

起然於物多若真事以嘉

也獨怪足堯所樂也亦

先生之所知不暇

先生之先君為鞭也南望不覺為之悵然況世

問新事歲梁兩月又同笑近聞若在下序廟幸

今官間於身匈隱匹馬法子果浮如郎川寧

當作一夜頗也歲受新米之

惠敢不銘感僕自有家喇候將三十且矣比來心

王羲之 集字聖敎序

漢字의 理解

惡   '惡'은 音이 '악' '오' 두 개이다. '악'은 '악하다, 나쁘다', '오'는 '미워하다'는 뜻이다.

용례

'악'

惡名　惡法　惡黨　惡夢　惡手
惡用　惡習　惡材　惡役　惡質
惡妻　惡筆　惡行　惡化
改惡　劣惡　粗惡　醜惡　暴惡
害惡　險惡　奸惡

惡感情　惡宣傳　惡送球
惡循環　惡影響　惡條件
惡天候　惡趣味
極惡無道　惡戰苦鬪　凶惡無道

'오'

憎惡　憎惡心　羞惡之心　嫌惡　嫌惡感

 季節과 관련된 漢字語

[春]

春秋 [春(춘) : 봄. 秋(추) : 가을]

靑春 [靑(청) : 푸르다. 春(춘) : 젊을 때]

回春 [回(회) : 돌아오다. 春(춘) : 젊을 때]

春困症 [春(춘) : 봄. 困(곤) 노곤하다. 症(증) : 증세]

思春期 [思(사) : 생각하다. 春(춘) : 봄. 期(기) : 때]

賞春客 [賞(상) : 즐기다. 春(춘) : 봄. 客(객) : 사람]

春秋筆法 [春秋(춘추) : 역사서. 筆(필) : 붓. 法(법) : 법]

一場春夢 [一(일) : 하나. 場(장) : 때. 春(춘) : 봄. 夢(몽) : 꿈]

[夏]

夏爐冬扇 [夏(하) : 여름. 爐(로) : 화로. 冬(동) : 겨울. 扇(선) : 부채]

父母愛之어시든 喜而勿忘하고 父母責之어시든 反省勿怨하라

－四字小學

부모님께서 사랑해 주시거든 기뻐하며 잊지말고,

부모님께서 나무라시거든 반성하고 원망하지 말라.

畫中之餠

'그림(속)의 떡'으로 '아무리 마음에 들어도 실제로 이용하거나 차지할 수

없는 것'을 이르는 말.

司馬光

群兒戲於庭이러니 一兒登甕이라가 足跌하여 沒水中이라

衆皆棄去어늘 司馬光이 持石擊甕하여 破之하니

水迸하여 兒得活이라

－宋史

여러 아이들이 마당에서 놀고 있었는데 한 아이가 큰 항아리 위에 올라갔

다가 발을 헛디뎌 물속으로 빠져버렸다. 여러 아이들은 모두 (그를) 버려

두고 가버렸는데 사마광이 돌을 가지고 항아리를 쳐서 깨트리니 물이 쏟아

져나와 아이가 살아날 수 있었다.

字句 풀이

群(군) : 무리. '群兒'는 '여러 아이들' │ 戲(희) : <u>놀다.</u> 희롱하다 │ 甕(옹) : 항아리 │ 跌
(질) : 헛딛다 │ 中(중) : 가운데. 안(속) │ 沒(몰) : <u>빠지다.</u> 다하다. 마치다 │ 棄(기) : 버리
다 │ 去(거) : 가다 │ 司馬光(사마광) : 宋나라 때 학자 │ 持石(지석) : '돌을 가지다' 즉 '돌
을 손에 들다'는 의미 │ 破(파) : 깨뜨리다 │ 迸(병) : 쏟아져 나오다 (세차게 밖으로 흘러나
옴) │ 得活(득활) : 여기서 '得'은 '能'과 같다. 즉, '살아날 수 있다'임

宋史 : 元나라 때 탁극탁(托克托)이 편찬한 宋나라 역사를 기록한 책.

온도를 나타내는 단위에는 '攝氏(섭씨)'와 '華氏(화씨)'가 있다. '攝氏'는 스웨덴
학자 셀시우스(Celsius Andres)가 정한 것인데, 그의 이름을 漢字로 표기하면 '攝
爾修(섭이수)'로 그의 姓을 따서 '攝氏'라고 한 것이다.
'華氏(화씨)'는 독일 학자 파아렌하이트(Fahrenheit)가 정한 것으로 이 또한 그의
漢字 이름 '華倫海(화륜해)'에서 姓을 따온 것이다.

捲土重來 권토중래

◎ 字句 풀이

捲(권) : 감아 말다 │ 土(토) : 흙 │ 重(중) : 두 번 │ 來(래) : 오다

◎ 뜻풀이

'흙 먼지를 말아 일으키며 다시 온다'는 뜻으로 '한 번 싸움에서 패한 사람이 다시 힘을 길러 쳐들어오는 것'을 말한다.

◎ 유래

項羽는 劉邦에게 패하고 烏江까지 도망왔다. 이때 烏江을 지키고 있던 사람이 배를 강 언덕에 대 놓고 기다리고 있다가 "江東 땅이 비록 작기는 하지만 그 곳 또한 충분히 나라를 세울 수 있습니다. 대왕께서는 어서 강을 건너십시오. 지금 신에게만 배가 있어 漢나라 군사가 이곳에 온다 하여도 강을 건널 수 없을 것입니다"라고 하며 項羽에게 재기할 것을 권하였다. 項羽는 웃으며 "하늘이 나를 망하게 한 것인데 건너서 무엇하 겠는가? 또한 내가 江東의 젊은이 팔천 명을 데리고 왔는데 지금 한 명도 돌아오지 못하였다. 설사 江東의 부형들이 나를 불쌍히 여겨 왕으로 삼아 준다 한들, 내가 무슨 면목으로 그들을 대하겠는가?"하고 거절하였다. 그리고 추격해 온 漢나라 군사를 맞아 일대 접전을 벌인 후 스스로 자결하였다.

이로부터 천 년 뒤 唐나라 시인인 杜牧(두목)이 烏江을 지나며 다음과 같은 시를 지어 項羽를 추모하였다.

승패는 兵家도 기약할 수 없는 것,

수치를 참는 것이 대장부 남아로다.

江東의 자제는 호걸이 많으니,

捲土重來는 알 수 없는 것을.

三顧草廬 삼고초려

◎ 字句 풀이

三(삼) : 셋 | 顧(고) : 방문하다 | 草(초) : 풀 | 廬(려) : 집

◎ 뜻풀이

劉備가 세 번이나 초가집으로 諸葛亮 을 찾아갔다는 뜻에서 인재를 맞아들이기 위하여 진심으로 마음을 다함.

◎ 유래

漢나라 말 황건적이 사방에서 봉기하여 천하가 매우 어지러웠다. 曹操는 조정에서 권세를 쥐고 있었고 孫權은 東吳 지역에 주둔하고 있었다. 漢나라 왕실을 부흥시키려는 劉備는 이 일을 함께 도모할 인재를 찾고 있었다. 그때 주변에 있던 사람들이 학식이 풍부하고 재능이 뛰어난 諸葛孔明(孔明은 字)을 추천했다. 劉備는 關羽, 張飛와 함께 예물을 들고 臥龍岡(와룡강)에 은거하고 있던 諸葛孔明을 찾아가 자기를 도와 漢나라 왕실의 부흥을 위해 함께 일해 줄 것을 청하려 했다. 그러나 마침 이 날 諸葛孔明이 외출하여 만날 수가 없었다. 얼마 후 엄동설한에 劉備는 다시 찾아갔으나, 이 날도 諸葛孔明은 집에 없었다. 劉備는 자신과 함께 漢나라 왕실을 부흥하는 일에 나서 줄 것을 간절히 바라는 편지를 남겨 놓고 발길을 돌렸다.

劉備는 다시 세 번째로 諸葛孔明의 집을 찾아갔다. 이때 마침 諸葛孔明은 낮잠을 자고 있었다. 劉備는 그가 잠에서 깰 때까지 밖에서 기다렸다. 劉備를 만난 諸葛孔明은 그의 정성에 감격하여 劉備의 뜻에 따를 것을 허락하였다.

漢詩 鑑賞

絕句 　杜甫

江碧鳥逾白이요　강물이 질푸르니 새는 더욱 희고
山靑花欲然이라　산이 푸르르니 꽃은 불타는 듯하네
今春看又過하니　올 봄도 또 지나가는 것을 보니
何日是歸年가　어느 날에나 고향에 돌아갈까

◎ 字句 풀이

碧(벽) : 푸르다(진한 녹색) ｜ 逾(유) : 더욱 = 愈 ｜ 然(연) : 타다 = 燃 ｜ 過(과) : 지나가다
｜ 看又過(간우과) : '또 지나가는 것을 보니'로 빨리 지나감을 뜻함 ｜ 是(시) : '~이다'로
강조의 뜻

杜甫(두보, 712~770) : 字는 子美(자미), 號는 小陵(소릉). 盛唐 때의
시인으로, 李白과 함께 李杜로 불리어졌다. 그의 시는 雄渾(웅혼)하여
이백의 낭만적인 성향과는 대조적인 면을 보여 주고 있다.

해설

이 시의 첫째 구는 강의 경치를 둘째 구는 산의 경치를 그리고 있는데, 색감의 대비가 무척 돋보이는 작품이다. 짙푸른 강물에 흰새가 떠 있고 푸른 산에 붉은 꽃이 피어 있다. 靑·白·綠·紅의 네 가지 색이 잘 어우러져 표현되고 있다. 후반부는 지은이의 고향에 대한 그리움의 표출이다. 전쟁은 끝이 없고 덧없이 다시 봄을 맞이했지만 언제 고향에 돌아가게 될 지 기약이 없는 상태이다. 만물이 생동하는 아름다운 계절에 고향에 돌아가지 못하고 시름에 젖어 한탄을 하는 지은이의 심정을 느낄 수 있다.

也媳江左所樂也亦

先生之所知不屇

先生之先君為鞍也南望不覺為之悵然況世

問新事歲荚而月不同矣近闻若位序庙幸

今官閒欲與匋隐匹為法子果浮如鄾川寧

當作一夜頗也歲受廩米之

惠敢不銘感懔日宵惠窩俟将三十旦矣比来

首

王羲之 喪亂帖

漢字의 理解

首

'首'는 윗 부분은 '머리카락'을 아랫 부분은 '얼굴'을 본떠서 만든 글자이다. 머리는 위에 있으므로 '지도자' '우두머리' 또 신체에서 가장 중요한 부분이므로 '제일' '중요한'이란 뜻이 파생되었다.

용례

首腦 首領 首長 首魁 首相
首班 首位 首都 元首 首席
黨首 首弟子 首看護師
首肯 機首 匕首 自首 斬首
鶴首苦待 鳩首會議 首丘初心

季節과 관련된 漢字語

[秋]

秋霜 [秋(추) : 가을. 霜(상) : 서리]

秋波 [秋(추) : 가을. 波(파) : 물결]

秋毫 [秋(추) : 가을. 毫(호) : 터럭]

千秋 [千(천) : 천. 秋(추) : 가을]

秋風落葉 [秋(추) : 가을. 風(풍) : 바람. 落(낙) : 떨어지다. 葉(엽) : 잎]

格言 · 名句 및 俗談

己所不欲을 勿施於人하라　　　　　　　　　　－論語
자기가 하고 싶지 않는 것을 남에게 시키지 말라.

燈下不明
'등잔 밑이 어둡다'로 가까이서 생긴 일을 더 모를 수도 있음을 비유하는 말.

守株待兎
宋人에 有耕田者러니 田中有株하여 兎走觸株하여
折頸而死라 因釋其耒而守株하여 冀復得兎나
兎不可復得이오 而身爲宋國笑러라   － 韓非子

송나라 사람 중에 밭을 가는 사람이 있었다. 밭 가운데 그루터기가 있었는데 토끼가 달리다가 그루터기에 부딪혀서 목이 부러져 죽었다. (이 일로) 말미암아 그 (밭 갈던) 쟁기를 놓아 버리고 그루터기를 지키면서 다시 토끼를 얻기 바랐지만 토끼는 다시 얻을 수 없었고, 자신은 송나라의 웃음거리가 되었다.

 字句 풀이

宋(송) : 중국 춘추(春秋) 시대의 나라 이름 | 耕(경) : 갈다 | 者(자) : ~하는 사람 | 中(중) : 가운데. 안 | 株(주) : 그루터기. 주식 | 兎(토) : 토끼 | 觸(촉) : 닿다. 부딪히다 | 折(절) : 꺾다. 부러지다 | 頸(경) : 목 | 因(인) : 인하다. 말미암다. 원인 | 釋(석) : 풀다. 놓다 | 耒(뢰) : 쟁기 | 冀(기) : 바라다 | 復(부, 복) : 다시(부). 돌아오다(복) | 身(신) : 몸. 자신

文法 研究

· 身爲宋國笑(신위송국소) : 이 문장은 피동구문인 '爲A所B'에서 '所'가 생략된 형태이
다. 즉, '身爲宋國所笑'이다. '爲A所B'는 'A에게 B한 바 되다', 'A에게 B를 당하다'로
풀이한다.

⑩ 後則爲人所制 : 나중에 하면 다른 사람에게 제압을 당한다.

韓非子 : 중국 전국 시대의 사상가인 한비(韓非, ?~B.C.233)의 저서.

흔히 여러 사람들이 뒤섞여 떠들고 질서가 엉망이 된 것을 비유하는 말에 '亂場
(난장)판', '阿修羅場(아수라장)', '惹端法席(야단법석)' 등이 있다. '亂場판'은 과
거 시험을 볼 때 전국 각지의 수많은 선비들이 좋은 자리를 차지하기 위해 뒤섞
여 엉망이 된 과거 시험장을 비유한 말이며, '阿修羅場'은 인도신화에 나오는
싸움을 일삼는 나쁜 귀신 '阿修羅'가 佛法을 지키는 신 '帝釋天(제석천)'과 싸움
을 하던 곳이란 뜻으로 '모진 싸움으로 처참하게 된 곳'이나 '몹시 흐트러진 곳'
을 비유하며, '惹端法席'은 '많은 사람들이 한 곳에 모여 서로 다투며 떠드는 시
끄러운 판'을 이르는 말인데, '惹端(야단)'은 '惹起鬧端(야기뇨단 : 시비가 될 까탈
을 일으킴)'의 준말이며 '法席(법석)'은 佛法을 講하는 자리를 말한다. 즉 '佛法을
講하던 엄숙한 자리에서 무슨 시비가 붙어 시끄럽게 되었다'는 것이다. '惹端을
맞다', '惹端스럽다', '惹鬧(야료)를 부리다' 등도 여기에서 나온 말이다.

刻舟求劍 각주구검

◎ 字句 풀이

刻 (각) : 새기다 | 舟(주) : 배 | 求(구) : 찾다 | 劍(검) : 칼

◎ 뜻풀이

'강에 빠뜨린 칼의 위치를 배에 새기고 칼을 찾는다'는 뜻으로 '어리석어 상황의 변화에 적절히 대응하지 못하는 미련함'을 비유한다.

◎ 유래

어떤 楚나라 사람이 배를 타고 강을 건너다가 갖고 있던 칼을 그만 강물에 빠뜨리고 말았다. 순간 그는 당황했으나 바로 마음의 평정을 찾았다. 칼을 되찾을 방법이 생각났기 때문이다. 그는 칼을 떨어뜨린 곳을 얼른 배에다 표시를 해 두었다. 그리고 배가 나루에 도착하자마자 방금 표시해 놓은 그 자리에서 물 속으로 들어가 칼을 찾으려 했다. 그러나 그는 칼이 떨어진 곳에서 배가 계속 이동하였다는 사실을 깨닫지 못하였으므로 칼을 찾을 수 없었고, 자신은 사람들의 웃음거리만 되었다.

助長 조 장

◎ 字句 풀이

助(조) : 돕다 | 長(장) : 자라다

◎ 뜻풀이

'도와서 자라나게 한다'는 뜻으로 '무리하게 돕다가 해치게 되거나 좋지 못한 일을 옆에서 부추기고 눈감아 주는 것'을 이른다.

◎ 유래

公孫丑(공손추)는 孟子가 齊나라로 오자 그에게 "만약 齊나라의 재상이 된다면 마음이 움직이지 않겠습니까?"라고 물었다. 그러자 孟子는 不動心을 지니고 있기 때문에 마음이 흔들리지 않는다고 하였다. 그리고 자신의 장점은 浩然之氣인데, 그것은 평소에 의리를 축척함으로써 길러지는 것이지 하루아침에 갑자기 생겨나는 것이 아니라고 하

면서 다음과 같은 비유를 들었다.

宋나라 사람 중에 벼의 싹이 자라지 않는 것을 근심하여 그 싹을 잡아 뽑아 올리는 이가 있었다. 그리고는 지친 듯이 돌아와 집안 사람들에게 말하기를 "오늘 무척 피곤하구나. 내가 싹이 자라는 것을 도와주었지"라고 하자 그 아들이 달려가 보니 싹은 이미 말라죽어 있었다. 천하에 벼 싹이 자라도록 억지로 돕지 않는 자가 적으니 유익함이 없다해서 버려 두는 자는 비유하자면 벼 싹을 김매지 않는 자요 억지로 助長하는 자는 벼 싹을 뽑아 놓는 자이니 이는 단지 유익함이 없을 뿐만 아니라 도리어 해치는 것이다.

漢詩鑑賞

松都懷古 黃眞伊

雪月前朝色이요　　눈 속의 저 달은 전 왕조의 그 빛이고
寒鐘故國聲이라　　차가운 저 종소리도 옛 나라의 그 소리라네
南樓愁獨立하니　　시름에 겨워 남쪽 루에 홀로 서 있으니
殘郭暮煙生이라　　남은 옛 성터에 저녁 연기 피어 오르네

◎ 字句 풀이

松都(송도) : 고려의 수도인 개성 │ 前朝(전조) : 전 왕조, 즉 고려 │ 寒鐘(한종) : 차가운
날씨 속에 (스산하게) 들리는 종소리 │ 故國(고국) : 옛 나라, 즉 고려 │ 愁(수) : 근심. 시
름 │ 殘(잔) : 쇠잔하다. 남다 │ 郭(곽) : =廓(곽), 성곽

黃眞伊(황진이) : 조선 중기의 名妓. 妓名은 明月. 詩書와 音律이 모
두 뛰어나 당대의 명사들과 어울렸다. 서경덕, 박연폭포와 함께 松都三
絶(송도삼절)이라고 한다.

해설
제목 그대로 고려의 수도였던 松都에 와서 영화로웠던 고려의 옛 모습을 회고

하며 세월의 無常함을 노래한 시이다. 눈 내리고 차가운 날씨 속에서도 달빛과 종소리는 예전처럼 그 정취가 지은이에게 감지된다. 자연은 변함 없이 그대로 인데, 인간역사의 덧없음을 생각하니 마음이 착잡할 뿐이다. 누각에 올라 興亡 盛衰의 허무함을 생각하고 있는데 폐허가 되어 버린 성채에는 덧없이 저녁 연기만 피어올라 지은이의 마음을 더욱 쓸쓸하게 하고 있다. 雪·寒·愁·獨· 殘·暮 등 詩語가 전체적으로 심각하고 쓸쓸한 분위기를 자아내게 한다. 일설 에서는 이 시가 權韐(권겹)의 시라고도 한다.

超然求物之外者其出不為□□□□□

也鞭江堯所樂也而

先生之所知不暇

先生之先君著鞭也南望不覺為之悵然況世

問新事歲梁雨月不同矣近聞若在歲序廟幸

今官閒欲與匋隱匹為法子果浮如鄰川寧

當作一夜顏也歲受新米之

惠敢不銘感僕自月速喇侯將三十日矣比來小

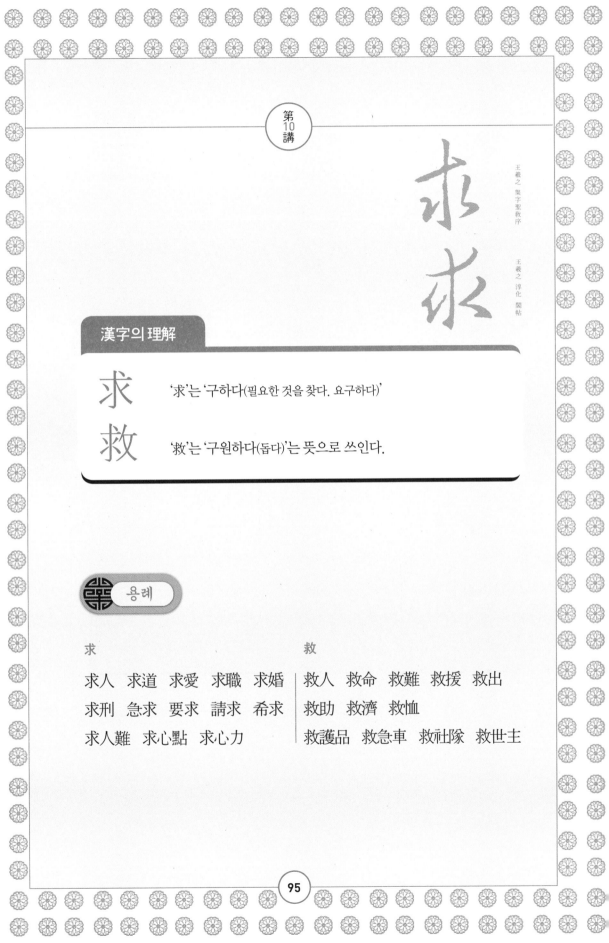

求求

王羲之 集字聖教序

王羲之 淳化 閣帖

漢字의 理解

求
救

'求'는 '구하다(필요한 것을 찾다. 요구하다)'

'救'는 '구원하다(돕다)'는 뜻으로 쓰인다.

용례

求

求人　求道　求愛　求職　求婚
求刑　急求　要求　請求　希求
求人難　求心點　求心力

救

救人　救命　救難　救援　救出
救助　救濟　救恤
救護品　救急車　救社隊　救世主

季節과 관련된 漢字語

[冬]

越冬 [越(월) : 넘다. 冬(동) : 겨울]

冬眠 [冬(동) : 겨울. 眠(면) : 잠자다]

冬將軍 [冬(동) : 겨울. 將軍(장군) : 장군]

異常暖冬 [異(이) : 다르다. 常(상) : 보통. 暖(난) : 따뜻하다. 冬(동) : 겨울]

嚴冬雪寒 [嚴(엄) : 혹독하다. 冬(동) : 겨울. 雪(설) : 눈. 寒(한) : 차다]

格言 · 名句 및 俗談

忠言은 逆於耳나 而利於行이라. — 孔子家語

충언(충고하는 말)은 귀에는 거슬리지만 행동에는 이롭다.

坐井觀天

'우물 속에 앉아 하늘을 본다'로 '견문이 썩 좁음'을 이르는 말. 즉, '우물 안 개구리'

宋浚吉

同春堂宋先生은 書籍借人이라가 人或還之에 而紙不生
毛면 則必責其不讀하고 更與之하니 其人이 不得不讀
之러라

— 士小節

동춘당 송준길(宋浚吉)선생은 다른 사람에게 책을 빌려 주었다가, (그) 사
람이 혹 책을 돌려 주는데 종이에 보풀이 일어나 있지 않으면 반드시 그가 읽
지 않은 것을 꾸짖고 다시 책을 주니 그 사람이 읽지 않을 수가 없었다.

字句 풀이

同春堂(동춘당) : 조선 효종(孝宗) 때의 문신인 송준길(宋浚吉, 1606~1672)의 號 │ 籍
(적) : 문서. 책 │ 借(차) : <u>빌려주다</u>. 빌다 │ 還(환) : 돌아오다. <u>돌려보내다</u>. 갚다 │ 紙
(지) : 종이 │ 生毛(생모) : 털 같은 보풀이 생기다(일어나다). 닥나무로 만든 한지(韓紙)
이기 때문에 책장을 많이 넘기면 보풀이 일어난다 │ 責(책) : <u>꾸짖다</u>. 재촉하다 │ 更(갱,
경) : <u>다시</u>(갱). 고치다(경) │ 與(여) : <u>주다</u>. 더불어 │ 不得不(부득불) : '~하지 않을 수 없
다.' 이중부정. '得'은 '能'과 같은 뜻이다.

· ~則(~즉) : '만약~하면(이면)'으로 가정형이다. '若~則'이 일반적인 문형이나 '若~',
'~則'만으로도 가정의 뜻을 나타낸다.

　　㉠ 水至淸則無魚 : 물이 너무 맑으면 고기가 없다.

士小節 : 숙종 때(1695)에 이덕무(李德懋)가 지은 수신서(修身書). 선
비와 부녀자, 아동들이 일상생활에서 지켜야할 예절과 수신에 관한 내
용을 기록한 책.

'王昭君'(第10講, 漢詩鑑賞)이라는 漢詩 중에 '胡地無花草(오랑캐 땅에는 꽃과 풀
이 없네)'라는 詩句가 있는데, 예전에 어느 서당에서 훈장님이 이 詩句를 이용해
서 시를 지어오라고 했다. 다음 날 한 學童이 '胡地無花草, 胡地無花草. 胡地
無花草, 胡地無花草'라고 똑같은 구를 4차례 연이어 써갔다. 이를 본 훈장님은
이 학동이 장난을 친 것으로 생각하고 나무라자 이 학동은 다음과 같이 풀이를
했다고 한다.

胡地에 無花草라하나　　　　－오랑캐 땅에는 꽃과 풀이 없다고 하나,

胡地無花草리오　　　　　　　－어찌 땅에 꽃과 풀이 없으리오.

胡地無花草리오마는　　　　　－어찌 땅에 꽃과 풀이 없으리오마는

胡地라 無花草라　　　　　　　－오랑캐 땅이라 꽃과 풀이 없다네

※'胡'는 '오랑캐'와 '어찌'의 뜻이 있다.

難兄難弟 난형난제

◎ 字句 풀이

難(난) : 어렵다 | 兄(형) : 형 | 難(난) : 어렵다 | 弟(제) : 아우

◎ 뜻풀이

누구를 형이라 하고 누구를 아우라 하기 어렵다는 뜻으로 서로 그 우열을 분간하기 어려움.

◎ 유래

後漢의 陳寔(진식)은 그의 아들 陳紀(진기) · 陳諶(진심)과 함께 三君이라 불릴 정도로 이들 부자의 덕망은 널리 알려져 있었다. 陳紀의 아들인 陳群은 魏文帝 때 재상을 역임한 재능이 뛰어난 인물이다. 陳群이 어릴 때 陳諶의 아들 陳忠과 자기 아버지의 공적과 덕행을 자랑하며 논쟁을 벌였다. 두 사촌끼리 서로 자신의 부친이 훌륭하다고 주장을 해서 결말이 나지 않았다.

두 사람은 할아버지 陳寔에게 가서 판정을 내려 줄 것을 요구했다. 그러자 陳寔은 두 손자들에게 자신의 두 아들에 대해 "형인 陳紀도 형 되기가 어렵고, 아우인 陳諶도 아우 되기가 어렵다"고 하였다.

결국 형도 그런 훌륭한 아우의 형 노릇하기가 어렵고, 아우도 그런 훌륭한 형의 동생 노릇하기도 어려운 형편이라는 것이다. 누가 더 훌륭하고 누가 더 못한 지 가릴 수가 없다는 의미이다.

白眉 백미

◎ 字句 풀이

白(백) : 희다 | 眉(미) : 눈썹

◎ 뜻풀이

형제 중에 가장 뛰어난 사람이란 뜻에서 여러 사람이나 사물 중에서 가장 뛰어난 것을 말한다.

◎ 유래

蜀나라 馬良은 형제가 모두 다섯이 있었다. 이들 다섯 형제의 字에는 똑같이 '常'이란 글자가 들어 있었기 때문에 세상 사람들은 이들 형제를 '馬氏 五常'이라고 불렀다.

이 다섯 형제는 한결같이 뛰어난 재주를 가지고 있어 명성이 세상에 널리 알려졌지만 이들 중 馬良이 가장 뛰어났다. 그래서 마을 사람들은 "馬氏의 五常이 모두 뛰어나지만 그 중에서 白眉가 가장 훌륭하다"라고 하였다. 馬良은 어렸을 때부터 눈썹에 흰털이 있었기 때문에 마을 사람들이 이렇게 불렀던 것이다. 이로부터 같은 형제뿐만 아니라 같은 연배나 같은 분야의 사람들 중에서 가장 뛰어난 사람을 '白眉'라고 부르게 되었다.

王昭君　東方虯

胡地無花草하니　오랑캐 땅에는 꽃과 풀이 없으니
春來不似春이라　봄이 와도 봄 같지 않네
自然衣帶緩하니　저절로 옷이 헐렁해지니
非是爲腰身이라　허리를 날씬하게 하려는 건 아닐세

◎ 字句 풀이

王昭君(왕소군) : 漢나라 元帝때 흉노와의 和親을 위해 흉노 추장에게 억지로 시집간
여자 │ 胡地(호지) : 오랑캐 땅 │ 衣帶緩(의대완) : '衣帶'는 옷과 띠. '緩'은 느슨함. 즉,
고향 생각에 몸이 말라서 옷이 헐렁해진다는 뜻 │ 非是(비시)~ : 이것은 ~이 아니다 │
爲(위) : 위하다 │ 腰(요) : 허리

東方虯(동방규) : 중국 당(唐)나라 때의 시인.

漢나라에서 흉노와의 화친을 위해 오랑캐 땅으로 보낸 아름다운 궁녀 왕소군을
소재로 쓴 시이다. 그녀가 시집간 곳은 사막 지대였다. 꽃과 풀이 없으니 봄이

와도 봄 같지 않을 것이다. 지금쯤 고향은 온갖 꽃이 만발했을텐데, 그리운 고향과 가족 생각 그리고 돌아갈 수 없는 시름에 자연스럽게 몸이 야윈 것이지, 날씬한 몸매를 가꾸려고 일부러 한 것이 아니라는 것이다. 지은이는 왕소군의 입장에서 한 여성의 恨과 고향에 대한 그리움의 정서를 담담하게 표현하고 있다.

지금도 봄 같지 않게 매서운 날씨를 말할 때 자주 인용되는 '春來不似春'이란 말은 이 시에서 유래하였다.

脚

王羲之 淳化 閣帖

漢字의 理解

脚 '脚'은 '무릎부터 복사뼈까지 부분의 다리'를 일컫는 말이다. 여기서 '사물의 아래 부분'을 뜻하는 말(脚註, 脚韻)이 파생되었다.

용례

脚光　脚色　脚本　脚絆　脚註　脚韻
橋脚　馬脚　健脚　失脚　立脚　行脚
脚線美　脚氣病

植物과 관련된 漢字語

甘草 [甘(감) : 달다. 草(초) : 풀]

葛藤 [葛(갈) : 칡. 藤(등) : 등나무]

亂麻 [亂(난) : 어시럽다. 麻(마) : 삼]

菽麥 [菽(숙) : 콩. 麥(맥) : 보리]

蔓延 [蔓(만) : 덩굴. 延(연) : 퍼지다]

木石 [木(목) : 나무. 石(석) : 돌]

格言·名句 및 俗談

過則勿憚改니라   －論語

허물이 있으면 고치기를 꺼려하지 말라.

魚魯不辨

'魚자와 魯자를 분간하지 못한다'로 '낫 놓고 기역자도 모른다'는 속담과
같은 뜻이다.

射石爲虎
李廣이 出獵이라가 見草中石하고 以爲虎而射之하니
中石沒矢어늘 視之하니 石也라
他日射나 終不能入이러라   ― 蒙求

이광이 사냥을 하러 나갔다가 풀 속에 있는 돌을 보고 호랑이라고 여겨 그
것을 쏘니 돌을 맞혀 화살이 박혔는데 살펴보니 돌이었다. 다른 날 (다시)
쏘았지만 끝내 (화살을) 들어가게(박히게) 할 수 없었다.

字句 풀이

李廣(이광) : 중국 전한(前漢)때의 명장(名將) | 獵(렵) : 사냥. 찾다(獵奇) | 出獵(출렵) :
나가서 사냥을 하다. 사냥을 하러 나가다 | 射(사) : 쏘다 | 中(중) : 가운데. 맞히다 [中
石沒矢] | 沒(몰) : 빠지다('박히다'는 의미). 없다 | 矢(시) : 화살 | 他日(타일) : 다른 날.
전 날. 뒷날. 즉, '후일(後日)'의 뜻 | 終(종) : 끝(始終). 마치다(終了). 마침내(끝내)

文法 研究

·以爲(이위) : '~라고 여기다, 생각하다'. 여기서 '以爲虎'는 '以A爲B'의 'A'가 생략된
 형태. 즉 '草中石(풀 속의 돌)'이 생략된 것이다. = 以草中石爲虎

蒙求 : 중국 唐나라 때 이한(李瀚)이 지은 책. 上古 때부터 南北朝까지 유명한 인물들의 언행을 모아 놓았다.

'脚'은 연극과 관련이 있는 漢字語가 많다.

· '脚色'은 원래 '벼슬에 나아갈 때 쓰는 이력 사항' '연극 배우'를 뜻하던 말이었는데 '소설이나 이야기 따위를 脚本으로 고쳐 쓰는 것'으로 의미가 바뀌었다.

· '脚光'은 '무대 앞면 아래쪽에서 배우를 환하게 비추어주는 조명'을 뜻하던 말이다. 무대에 선 배우를 다리 쪽으로부터 서서히 조명을 비추어 관객들의 주목을 끌게 하는 것이다. '脚光을 받다' 즉 '널리 대중적인 찬사나 기대로 주목을 받다'는 뜻으로 쓰인다.

· '馬脚'도 '무대에서 말의 다리로 분장하고 있던 사람의 정체가 드러났다'는 것에서 '馬脚이 드러나다' 즉 '숨기고 있던 일의 본디 모습이 드러나다'는 뜻으로 쓰인다.

故事成語

泣斬馬謖 읍참마속

◎ 字句 풀이

泣(읍) : 울다 | 斬(참) : 베다 | 馬(마) : 말 | 謖(속) : 일어나다

◎ 뜻풀이

눈물을 흘리면서 명령을 어긴 마속의 목을 베었다는 뜻으로

1) 큰 목적을 이루기 위해서는 아끼는 사람도 과감히 버림.

2) 법을 공정하게 지키기 위해 사사로운 정을 버림.

◎ 유래

諸葛亮은 수도인 成都를 출발하여 일차 북벌을 떠났다. 그는 魏나라 司馬懿(사마의)
와 祁山(기산)에서 대치하고 있었다. 諸葛亮은 이를 돌파할 작전을 이미 세워 놓았지
만, 한 가지 불안한 것이 있었다. 전략적 요충지인 街亭을 魏나라에게 빼앗긴다면, 보

급로가 차단되어 蜀軍은 움직일 수 없게 된다. 이 街亭을 지키는 임무를 맡겠다고 자원한 사람이 馬謖이다. 馬謖은 諸葛亮과 절친한 친구인 馬良의 아우로 재기가 넘쳐 친동생처럼 아끼던 부하였다. 諸葛亮은 그가 아직 어리기 때문에 이 일을 맡기려 하지 않았다. 그러나 馬謖은 만일 자신이 패하면 군법에 따라 처형해도 좋다고 다짐하였으므로 그에게 그곳을 맡기기로 하였다.

그러나 馬謖은 諸葛亮의 지시를 어기고 멋대로 행동하여 街亭을 魏軍에게 빼앗기고 말았다. 諸葛亮은 부득이 전군을 漢中으로 철수시켜야만 했다. 漢中으로 퇴각한 諸葛亮은 군법에 따라 馬謖을 참수하였다. 형장에 끌려 나오는 馬謖을 보고 諸葛亮은 눈물을 흘렸다고 한다.

矛盾 모순

◎ 字句 풀이

矛(모) : 창 │ 盾(순) : 방패

◎ 뜻풀이

'창과 방패'란 뜻으로, '앞뒤가 맞지 않는 말이나 행동'을 이른다.

◎ 유래

이상적인 정치를 이야기할 때는 언제나 堯임금과 舜임금을 거론한다. 그러나 舜이 잘못된 것을 바로잡았다면 곧 堯에게 실책이 있음이요, 舜을 현명하다고 말한다면 堯가 모든 것을 다 아는 성인이라는 것은 성립되지 못할 것이다. 또 堯를 성인이라고 한다면 舜의 덕화가 거짓이니 이들은 양립할 수 없는 것이다.

楚나라 사람 중에 창과 방패를 파는 사람이 있었는데 먼저 방패를 들고 "내 방패의 견고함은 그 어느 것으로도 뚫을 수 없다"하고 이번에는 창을 집어 들고 "내 창의 날카로움은 그 어떤 것도 뚫지 못하는 것이 없다"고 자랑하였다. 그러자 옆에 있던 어떤 사람이 "그렇다면 당신의 창으로 당신의 방패를 뚫으면 어떻게 되겠습니까?"라고 물으니 그 사람은 아무런 대답도 할 수가 없었다.

대저 그 무엇에도 뚫어지지 않는 방패와 그 어떤 것도 뚫지 못하는 것이 없는 창은 세상에 함께 존재할 수 없는 것이다. 지금 堯와 舜을 다 칭찬할 수 없는 것은 창과 방패 이야기와 같은 것이다.

漢詩鑑賞

憫農 李紳

鋤禾日當午하니	김을 매다가 한낮이 되니
汗滴禾下土라	땀방울이 벼아래 땅에 떨어지네
誰知盤中飱이	뉘 알리, 밥상에 오른 밥이
粒粒皆辛苦리오	알알이 모두 농부의 고생인 것을

◎ 字句 풀이

憫(민) : 불쌍히 여기다 | 鋤禾(서화) : 호미로 (벼의) 김을 매다 | 當(당) : ~에 당하다.
'當午'는 '정오에 당하다', 즉 '한낮이 되다' | 汗(한) : 땀 | 滴(적) : 물방울 | 誰知(수지) :
누가 ~을 알겠는가 | 盤(반) : 소반, 쟁반 | 飱(손) : 저녁밥 | 粒(립) : 쌀알, 낱알 | 辛苦
(신고) : 괴로움, 고생

李紳(이신, 786~846) : 중국 당나라 때의 시인. 白居易(백거이)와 함께
新樂府로 유명함.

뜨거운 태양 아래 비지땀을 흘리며 고생하는 농부의 모습에서 연민의 정을 느끼
게 된다. 그러나 밥상에 오른 밥이 농부들이 흘린 땀방울의 結晶이라는 것을 알
고 고맙게 생각하는 사람은 드물 것이다. 농부의 일하는 모습을 牧歌的으로 그리
지 않고 그들의 고통을 함께 아파하는 시인의 시선이 따뜻하게 다가온다.

背

王羲之 淳化 閣帖

背 '背'는 '등'을 뜻한다. 여기에서 '등지다' '뒷면' '배반하다' '떠나다'
는 의미가 파생되었다.

용례

背景　背囊　背書　背後　背馳
背任　背敎　背信　背反　背叛
背水陣　背恩忘德　二律背反

植物과 관련된 漢字語

長竹 [長(장) : 길다. 竹(죽) : 대나무]

爆竹 [爆(폭) : 터지다. 竹(죽) : 대나무]

竹馬故友 [竹(죽) : 대나무. 馬(마) : 말. 故(고) : 옛. 友(우) : 벗]

破竹之勢 [破(파) : 깨트리다. 竹(죽) : 대나무. 之(지) : ~의. 勢(세) : 형세]

松竹之節 [松(송) : 소나무. 竹(죽) : 대나무. 之(지) : ~의. 節(절) 절개]

松茂柏悅 [松(송) : 소나무. 茂(무) : 우거지다. 柏(백) : 잣나무. 悅(열) : 기쁘다]

芝蘭之交 [芝(지) : 지초. 蘭(란) : 난초. 之(지) : ~의. 交(교) : 사귀다]

格言 · 名句 및 俗談

德不孤니 必有隣이라 － 論語

덕은 외롭지않으니 반드시 이웃이 있다.

堂狗風月

'서당 개 삼 년에 풍월을 읊는다'로 '어떤 방면에 전혀 아는 것이 없는 사람
도 그 방면에 오래 끼어 있으면 어느 정도는 익히게 된다'는 말이다.

天雨牆壞

宋有富人하니 天雨牆壞어늘 其子曰 不築이면 必將有盜라

其隣人之父도 亦云이라 暮而果大亡其財어늘

其家甚智其子하고 而疑隣人之父러라 — 韓非子

송나라에 부자가 있었는데 (하루는) 비가 내려 담장이 무너졌다. 그 아들이 "(담장을) 쌓지 않으면 반드시 장차 도둑이 들 것입니다"라 하고, 이웃집 노인도 또한 (그렇게) 말했다. 날이 저물어서 과연 크게 재물을 잃게 되자 그 집에서는 자기 아들을 매우 지혜롭게 여기고 이웃의 노인을 의심하였다.

字句 풀이

宋(송) : 중국 춘추(春秋) 시대의 나라 이름 | 天雨(천우) : '(날씨가) 비가 내리다', 즉 '비가 오다'는 뜻. 여기서 '天(천)'은 '날씨'이다 | 牆(장) : 담 | 壞(괴) : 무너지다 | 築(축) : 쌓다. 짓다 | 將(장) : 장수. 장차. 나아가다(日就月將) | 盜(도) : 훔치다. 도둑 | 之(지) : ~의 | 父(부) : 아버지. 부로(父老, 노인) | 亦(역) : 또(또한) | 云(운) : ~라 (말)하다 | 暮(모) : 저물다. 늦다 | 果(과) : 열매. 과연. 과단성 | 亡(망) : 잃다. 달아나다. 죽다 | 甚(심) : 매우. 심히

文法研究

· 亦云(역운) : '또한 (그렇게) 말하다'로, '云' 다음에 그 집 아들이 말한 '不築, 必將有盜'가 생략된 형태이다.

· 暮而(모이)~ : '而'는 문장의 어기(語氣)를 고르게 해주는 용법으로 쓰임.

　　예 已而 : 얼마 안 있어

韓非子 : 중국 전국시대의 사상가인 한비(韓非, ?~B.C.223)의 저서.

해설

순 우리말로 알고 있는 '긴가 민가', '흐지부지', '막무가내', '감지덕지' '괴상망측', '언감생심' 등은 모두 漢字語에서 온 것이다. '긴가민가'는 '其然가 未然가 (기연가 미연가 : 그것이 그런가? 그렇지 않은가?)'의 준말이며, '흐지부지'는 '諱之秘之(휘지비지 : 남을 꺼리어 우물쭈물 얼버무려 넘김)'의 音이 변한 경우이며, '막무가내'는 '莫無可奈(어쩔 수 없다)', '감지덕지'는 '感之德之(매우 고맙게 여기다)', '괴상망측'은 '怪常罔測(괴상하기 짝이 없음)', '언감생심'은 '焉敢生心(어찌 감히 그런 마음을 먹을 수 있느냐)'이다.

臥薪嘗膽 와신상담

◎ 字句 풀이

臥(와) : 눕다 | 薪(신) : 땔나무 | 嘗(상) : 맛보다 | 膽(담) : 쓸개

◎ 뜻풀이

'땔나무 위에서 자고 쓰디쓴 쓸개를 핥으며 패전의 굴욕을 되새겼다'는 뜻에서 목적을 이루기 위하여 온갖 괴로움을 참고 견딤.

◎ 유래

吳나라 왕 闔閭(합려)는 군사를 이끌고 越나라로 쳐들어갔다가 越나라 왕 勾踐(구천)에게 패하여 죽었다. 그는 죽기 직전 아들인 夫差(부차)에게 복수를 부탁하였다. 夫差는 그 후 땔나무 위에서 자며 자기 방을 출입하는 사람들에게 "夫差야! 越나라 사람이 너의 아버지를 죽인 것을 잊었느냐"라고 외치게 했다.

越나라 왕 勾踐은 夫差의 결심을 듣고 기선을 제압하려고 吳나라에 쳐들어갔으나 오히려 夫差에게 패하고 만다. 그는 오천 명의 군사를 거느리고 간신히 會稽山으로 달아났지만, 夫差에게 신하가 되기로 약조하고 굴욕적으로 항복을 하게 된다. 온갖 모욕을 겪고 越나라로 돌아온 勾踐은 자리 옆에 항상 쓸개를 달아 두고 핥으며 " 너는 會稽山의 치욕을 잊었느냐"라고 마음 속으로 복수를 다짐했다.

그 후 越나라를 부강하게 만든 勾踐은 다시 吳나라를 공격하였다. 伍子胥(오자서)라는 충신을 죽이고 자만에 빠진 夫差는 결국 전쟁에서 크게 패하여 자결을 하고 만다. '臥

薪嘗膽은 吳나라 왕 夫差의 '臥薪'과 越나라 왕 勾踐의 '嘗膽'이 합쳐진 것이며, '會稽之恥

(회계지치 : 뼈에 사무치는 치욕)'라는 성어도 여기서 나온 것이다.

吳越同舟 오월동주

◎ 字句 풀이

吳(오) : 나라 이름 | 越(월) : 나라 이름 | 同(동) : 한 가지 | 舟(주) : 배

◎ 뜻풀이

1) 吳와 越나라처럼 원수끼리 한 자리에 있게 된 경우를 비유한 말.

2) 아무리 원수 사이일지라도 필요한 경우에 서로 협력하는 것.

◎ 유래

孫子는 그의 병법에서 '死地'라는 상황을 설정하였다. 死地란 오로지 적과 싸워 이기는 길만이 살아남을 수 있는 더 이상 후퇴할 수 없는 막다른 곳을 말한다. 전쟁터에서 물을 뒤에 등지고 진을 치듯이 용감한 사람이나 겁쟁이나 누구나 일치단결해서 싸우지 않으면 안 되는 상황을 설정한 것이다. 이러한 상황 속에서 '吳越同舟'라는 성어가 나오게 된다.

孫子는 다음과 같이 말했다. "吳나라 사람과 越나라 사람은 서로 미워한다. 그러나 그들이 같은 배를 타고 가다가 폭풍을 만나게 되면 위험에서 벗어나기 위해 서로 돕는 것이 마치 좌우의 손이 서로 협력하는 것과 같다" 이 말은 오래된 원수처럼 서로 증오하는 사람들도 사지에 놓이게 되면 어쩔 수 없이 서로 힘을 합해 이러한 상황에서 벗어나려고 애쓰게 된다는 것이다.

요즈음은 孫子가 생각한 원래 뜻과는 달리 사이가 나쁜 사람끼리 한 자리에 있는 경우에 많이 쓰인다.

七步詩 _{曹植}

煮豆燃豆其하니	콩을 삶으려 콩깍지를 태우니
豆在釜中泣이라	콩이 솥 안에서 울고 있네
本是同根生인데	본래 한 뿌리에서 생겨났거늘
相煎何太急고	지저대는 것이 어찌 이다지도 급한가

◎ 字句 풀이

煮(자) : 삶다 | 燃(연) : 타다 | 其(기) : 콩깍지, 콩대 | 釜(부) : 솥 | 本是(본시) : 본래,

본디 | 煎(전) : (불로) 지지다, 달이다 | 太(태) : 크다, 심하다(대단히)

曹植(조식, 192~232) : 字는 子建(자건)으로 중국 魏나라의 시인. 曹操(조조)의 셋째 아들이며 文帝 曹丕(조비)의 아우이다. 어렸을 때부터 문학에 재능이 있었다.

조식의 형 조비는 왕위에 오른 후에도, 아우 조식이 재능이 뛰어나 왕위를 넘볼 것이 항상 마음에 걸렸다. 마침 조식이 반란을 꾀한다는 소문이 들렸으므로 조비는 조식을 불러서 죄를 묻고 자신이 일곱 걸음을 걸을 동안에 시를 짓지 못하면 죽이겠다고 했다. 이때 조식이 지은 시가 바로 이 '七步詩'이다. 조비는 형제 간의 相爭을 콩과 콩깍지에 비유한 이 시를 듣고 감동하여 조식을 풀어주었다고 한다. 형제를 콩과 콩깍지에 비유한 것도 재치가 번뜩이지만 일곱 걸음 걷는 짧은 시간에 시를 지은 재주가 놀랍다.

慈然齊物夕若其身畜不分法我作人之方
也婦江亮所乐也亦
先生之所知不屑
先生之先為鞭也南望不覺為之惆然况世
問新事歲梁雨月不同矢近聞若茲序庙章
今官閒欲與匋隱匹為法子果浮如郡川寧
當作一夜頌也歲受新梁之
惠敢不銘感僕閏宵奉庙侯將三十日矢比来小

暴

王羲之 樂毅論

漢字의 理解

暴

'暴'은 '사납다'의 뜻으로 쓰일 때는 音이 '포'이며, '나타내다'의 뜻으로 쓰일 때는 '폭(暴露)'이다. 그러나 언어 습관상 '사납다'의 경우도 몇몇 경우를 제외하고는 대부분 '폭'으로 읽는다.

용례

'포'

暴惡   橫暴   凶暴   自暴自棄   暴虐無道

'폭'

暴擧   暴徒   暴騰   暴雨   暴雪
暴食   暴炎   暴飮   暴走   暴投

植物과 관련된 漢字語

花信 [花(화) : 꽃. 信(신) : 소식]

花紋席 [花(화) : 꽃. 紋(문) : 무늬. 席(석) : 자리]

化樹會 [化(화) : 꽃. 樹(수) : 나무. 會(회) : 모임]

花容月態 [花(화) : 꽃. 容(용) : 얼굴. 月(월) : 달. 態(태) : 모양]

錦上添花 [錦(금) : 비단. 上(상) : 위. 添(첨) : 더하다. 花(화) : 꽃]

花無十日紅 [花(화) : 꽃. 無(무) : 없다. 十(십) : 열. 日(일) : 날. 紅(홍) : 붉다]

格言 · 名句 및 俗談

樹欲靜而風不止하고 子欲養而親不待니라 　　– 韓詩外傳
나무는 고요하고자 하나 바람이 그치지 않고,
자식은 봉양하고자 하나 어버이가 기다리지 않는다.

見蚊拔劍
'모기 보고 칼 빼기'로 '아무것도 아닌 일에 너무 야단스레 덤빔'을 이르는 말.

伯兪

伯兪有過어늘 其母笞之한대 泣이어늘 其母曰 他日笞에

子未嘗泣이러니 今泣은 何也오 對曰 兪得罪에

笞常痛이러니 今母之力이 不能使痛이라 是以로 泣하나이다

― 小學

백유가 허물이 있어 그 어머니가 그를 매질을 하니 울거늘 어머니가 말하
기를 "다른 날에는 매를 때려도 네가 일찍이 운 적이 없더니 지금 우는 것
은 어찌된 일이냐"고 하니, 대답하기를 "제가 죄를 지었을 때에 (어머니의)
매가 늘 아프더니 지금은 어머니의 힘이 (저를) 아프게 할 수 없었습니다.
이런 까닭에 우는 것입니다"라고 하였다.

字句 풀이

伯兪(백유) : 전한 때 사람으로 성은 한(韓)이고 이름은 유(兪)이다. 伯(백)은 맏아들임을
나타냄. │ 過(과) : 허물(過誤), 지나다(通過). 지나치다(過飮) │ 笞(태) : 매질하다 │ 泣(읍) :
울다(보통 소리를 내지 않고 눈물을 흘리는 것) │ 他日(타일) : 다른 날. 전날. 뒷날 │ 子(자) :
이인칭 대명사. '너' 정도의 뜻 │ 嘗(상) : 일찍이. 맛보다(臥薪嘗膽) │ 何(하) : 어찌. 무엇.
어느 │ 對(대) : 마주 보다. 대답하다 │ 兪(유) : 윗사람에게 자신을 낮추어 공경하는 뜻으
로 이름을 직접 말한 것이다. '저, 제가'정도로 해석한다 │ 得罪(득죄) : '죄를 얻다'. 즉, '죄
를 범하다. 죄를 짓다'로 '잘못했다'의 의미 │ 是以(시이) : 이 때문에. 이런 까닭에

文法 研究

· 何也(하야) : 여기서 '也'는 의문을 나타냄.

· 不能使痛(불능사통) : '使'는 '~로 하여금 ~하게 하다.'의 사역동사로 여기서는 '使'와 '痛' 사이에 '彼', 즉 '저'가 생략된 형태이다. '使彼痛', 곧 '저로 하여금 아프게 하다, 저를 아프게 하다'이며 '不能(~할 수 없다)'이 연결되어 '저를 아프게 할 수 없다.'로 해석한다.

小學 : 중국 송나라 때 주희(朱熹)가 편찬한 초학자들의 교양서로 주로 어린 사람들이 마땅히 행해야 할 생활 규범과 도리에 관한 내용을 수록하였음.

'斷腸(단장)'은 '창자(腸)가 끊어지다(斷)'라는 뜻이다. 옛날 중국 晉나라 장수 桓溫(환온)이 蜀나라를 치기 위해 양자강을 지날 때 부하가 원숭이 새끼를 잡아 왔더니 그 어미 원숭이가 필사적으로 따라와 새끼가 잡혀 있는 배에 오른 뒤 곧 죽었다고 한다. 나중에 그 어미 원숭이의 배를 갈라 보니 창자가 이미 토막토막 끊어져 있었다고 한다. 곧 '斷腸'은 '창자가 끊어질 듯한 슬픔'을 비유하는 말이다. 우리나라의 유명한 유행가인 '단장의 미아리고개'의 '단장'도 이러한 뜻이다.

故事成語

同病相憐 동병상련

◎ 字句 풀이

同(동) : 한가지 | 病(병) : 병 | 相(상) : 서로 | 憐(련) : 불쌍히 여기다

◎ 뜻풀이

'같은 병을 앓고 있는 사람끼리 서로 불쌍히 여긴다'는 뜻으로 '비슷한 처지에 있는 사람끼리 서로 잘 이해하고 동정함'을 이르는 말이다.

◎ 유래

吳子胥(오자서)는 원래 楚나라 사람인데 아버지와 형이 억울한 누명을 쓰고 죽자 吳나라로 망명을 하였다. 吳나라에는 관상을 잘 보는 被離(피리)라는 사람이 있었는데, 吳子胥가 거지 행세를 할 때 그가 천하의 인재임을 알아보고 公子 光에게 추천하였다. 公子 光은 吳子胥의 도움으로 吳나라의 왕이 될 수 있었다. 公子 光은 왕이 된 뒤에 이름을 闔閭(합려)로 고친다.

吳子胥가 吳나라의 실권을 쥐고 있을 때 楚나라에서 伯嚭(백비)라는 사람이 찾아왔다. 그의 아버지도 吳子胥의 아버지를 모함했던 費無忌에 의해 억울하게 죽음을 당했기 때문에 吳子胥에게 의탁하기 위해 온 것이다. 吳子胥는 그를 闔閭에게 천거하여 대부 벼슬에 앉게 하였다. 被離는 闔閭에게 그는 잔인한 상이므로 멀리 하라고 충고한다. 그러자 吳子胥는 "같은 병을 앓는 사람은 서로 불쌍히 여기고 같은 근심이 있는 사람은 서로 구원한다"는 말로 일축한다. 그러나 백비는 적국인 越나라의 뇌물을 받고 이적 행위를 하여 결국 伍子胥를 자살하게 만든다.

漁父之利 어부지리

◎ 字句 풀이

漁(어) : 고기 잡다 | 父(부) : 아버지 | 之(지) : ~의 | 利(리) : 이롭다

◎ 뜻풀이

조개와 황새가 서로 싸우는 바람에 어부가 둘 다 잡아 이익을 보았다는 뜻에서 두 사람이 이해관계로 서로 다투는 사이에 제3자가 힘들이지 않고 이득을 봄.

◎ 유래

趙나라가 장차 燕나라를 치려 하자 蘇代가 燕나라를 위하여 趙나라 惠王에게 말하기를 "오늘 제가 오다가 易水(역수)를 지나려니 조개가 마침 나와서 볕을 쬐는데 황새가 그 조개를 쪼았습니다. 조개 가 입을 다물어 황새의 부리 를 물자 황새가 말하기를 '오 늘도 비가 오지 않고 내일도 비가 오지 않으면 너에게는 죽음이 있을 뿐이다'라 하니 조개도 황새에게 '오늘도 못 빼내고 내일도 못 빼내면 너

에게도 죽음이 있을 뿐이다'라고 하였습니다. 둘이 서로 놓으려 하지 않고 다투는 사이에 어부가 둘을 함께 잡아갔습니다. 지금 趙나라가 燕나라를 쳐서 趙와 燕이 서로 오랫동안 싸우다가 백성들이 피폐하게 되면 저는 저 강한 秦나라가 어부가 될까 걱정이 됩니다. 원컨대 왕께서는 깊이 생각하소서"라고 하였다.

惠王이 "좋은 말이다"라고 하고 燕나라를 치려던 계획을 그만두었다.

漢詩 鑑賞

山中 李珥

採藥忽迷路하니 약초를 캐다가 갑자기 길을 잃으니
千峰秋葉裏라 수많은 산봉우리 가을 단풍 속이구나
山僧汲水歸하니 스님이 물을 길어 돌아가더니
林末茶烟起라 수풀 끝에서 차 달이는 연기 피어오르네

◎ 字句 풀이

採(채) : 캐다 │ 忽(홀) : 갑자기. 문득 │ 迷路(미로) : 길을 잃고 헤매다 │ 秋葉(추엽) : 가을 나뭇잎, 곧 단풍 │ 裏(리) : 속. 안 │ 汲水(급수) : 물을 긷다 │ 烟(연) : 연기

李珥(이이, 1536~1584) : 字는 叔獻(숙헌), 號는 栗谷(율곡). 조선 중기의 학자. 1564년 과거에 급제하여 대제학 등 관직을 거쳐 이조 판서에 이르렀다. 퇴계 李滉(이황)과 쌍벽을 이루었으며, 畿湖學派(기호학파)를 형성하였다.

약를 캐러 산에 들어갔다가 눈앞에 펼쳐진 황홀한 경치에 그만 길을 잃어버렸다. 둘러보니 자신은 단풍이 물든 산봉우리에 겹겹이 둘러싸여 있었다. 그때 마침 물을 길어 오던 스님을 만나 어디로 가는지 물끄러미 바라보니 집 한 채 없을 것 같은 깊은 산 속에서 차 끓이는 연기가 아련히 피어오르는 것이었다. 깊은 산 속에서 지내는 스님의 모습에서 한가로움과 평안함이 느껴진다.

也歸江左所樂也亦

先生之所知不一一

先生之先君著鞭也南望不覺為之悵然況世

問新事歲晏而月不同矣近聞若臨序廟辛

今官閒欲為幽隱匹為注予果得如邵川寧

當作一夜頭也歲受廩粟之

惠敢不銘感僕間月憂廟俟將三百矢比來小

王獻之 浮化 肅府本

漢字의 理解

解 '解'는 '角' '刀' '牛'가 모여 이루어진 글자로 '칼로 소를 나누는 모양'이다. 여기서 '풀다' '설명하다' '분석하다' '이해하다'는 뜻이 파생되었다.

용례

解渴　解決　解雇　解禁　解答　解毒　解讀
解凍　解得　解明　解夢　解放　解剖　解氷
解消　解散　解産　解釋　解析　解止　解職
曲解　難解　諒解　分解　誤解　瓦解　和解
溶解　解熱劑　結者解之

鑛物과 관련된 漢字語

銀髮 [銀(은) : 은. 髮(발) : 터럭]

銀行 [銀(은) : 은. 行(행) : 가게]

銀杏 [銀(은) : 은. 杏(행) : 은행나무]

銀幕 [銀(은) : 은. 幕(막) : 장막]

銀盤 [銀(은) : 은. 盤(반) : 쟁반]

銀世界 [銀(은) : 은. 世(세) : 세상. 界(계) : 세계]

銀粧刀 [銀(은) : 은. 粧(장) : 단장하다. 刀(도) : 칼]

銀河水 [銀(은) : 은. 河(하) : 강. 水(수) : 물]

銀河系 [銀(은) : 은. 河(하) : 강. 系(계) : 계통]

格言 · 名句 및 俗談

少年易老學難成이니 一寸光陰不可輕이라　　－朱熹

젊은이는 쉬이 늙고 학문은 성취하기 어려우니,

짧은 시간이라도 가벼이 여겨서는 안 된다.

孤掌難鳴

'외손뼉은 울릴 수 없다'로 '혼자서는 일을 이루지 못함'을 이르는 말이다.

金守溫

金守溫이 未第時에 閉門讀書라가 因小遺下堂하여 見落
葉하고 始知其爲秋라하니 前輩之篤於讀書가 如此니라

ー稗官雜記

김수온 선생이 아직 (과거 시험에) 급제하지 않았을 때, 문을 닫고 글을 읽
다가 소변보려고 대청에서 내려와 낙엽을 보고는 비로소 가을이 된 것을
알았다고 하니 옛 선배 분들이 글을 읽는 데 독실한 것이 이와 같았다.

字句 풀이

金守溫(김수온, 1409~1481) : 조선 전기 때 문신. 號는 乖崖(괴애). 학문과 문장이 뛰어
나 文名이 높았음 | 第(제) : 차례. 급제하다 | 因(인) : 인하다. ~ 때문에 | 小遺(소유)
: 소변 | 下(하) : 아래. 내려오다 | 堂(당) : 마루. 대청 | 始(시) : 처음. 비로소 | 爲(위) :
~되다 | 前輩(전배) : 학문이나 연령이 자기 보다 앞서거나 높은 분을 일컫는 말. 선배
| 篤(독) : 독실하다 | 此(차) : 이. 이것

文法 研究

· 未(미) : 부정사로 '아직~하지 아니하다', '아직~하지 못하다'는 뜻.

　　예 **未之聞也** : 아직 듣지 못하다.

· 如(여) : '如'는 '若'과 그 용법이 같다. '만약'[가정], '~처럼' · '~와 같다'[비교]로 쓰이는데, 여기서는 '~와 같다'는 뜻으로 쓰임.

　　예 **成功之難 如登天** : 성공하기 어려움은 하늘에 오르는 것과 같다.

稗官雜記 : 조선 명종 때의 학자인 어숙권(魚叔權)이 지은 筆記集으로 여러 인사들의 언행이 수록되어 있다.

'동가식 서가숙(東家食 西家宿)'은 '동쪽 집에서 먹고, 서쪽 집에서 잔다'로 '떠돌아 다니며 이 집 저 집에서 얻어먹고 지낸다'는 뜻으로 쓰인다. 그러나 이 成語의 유래는 단순히 이런 의미와는 다르나, '東家食 西家宿'을 그 유래와 관계치 않고 글자 그대로 풀이하여 써온 것 같다. 그 유래는 다음과 같다.

옛날 중국 齊나라에 한 여인이 있었는데, 이웃에 사는 두 남자가 청혼을 해왔다. 그런데 동쪽에 사는 남자는 얼굴은 못 생겼으나 대단한 부자였고, 서쪽에 사는 남자는 사람은 잘 났으나 가난한 청년이었다. 부모는 아무리 생각을 해봐도 결정할 수가 없어서 그 딸에게 물으니, 그 딸이 "東家食 西家宿(동쪽에 사는 남자 집에서는 먹고, 서쪽에 사는 남자 집에서는 자겠다) 하렵니다"라고 했다.

畫龍點睛 화룡점정

◎ 字句 풀이

畫(화) : 그리다 | 龍(용) : 용 | 點(점) : 점 찍다 | 睛(정) : 눈동자

◎ 뜻풀이

용을 그릴 때 마지막으로 눈을 그려 완성시킨다는 뜻으로 가장 중요한 부분을 완성시켜 일을 끝냄.

◎ 유래

張僧繇(장승요)는 梁나라의 유명한 화가로 그림에 대한 일화가 많이 남아 있다. 그가 벽에 울창한 숲을 그려 놓자 다음 날 수많은 새들이 벽 밑에 떨어져 죽어 있었다. 새들이 진짜 숲으로 알고 날아와 벽에 부딪혀 죽은 것이다.

그는 또 수도인 金陵(南京) 安樂寺 벽에 네 마리 용을 그렸는데 눈동자를 그리지 않았다. 사람들이 그 까닭을 묻자 눈동자를 그리면 날아가 버리기 때문이라고 했다. 그러나 사람들이 말을 믿지 않자 그는 용 한 마리에 눈동자를 그려 넣었다. 그러자 갑자기 천둥번개가 치더니 용이 벽을 차고 뛰어나가 하늘로 올라가 버리고 말았다. 그러나 눈동자를 그리지 않은 용은 그대로 남아 있었다고 한다.

破竹之勢 파죽지세

◎ 字句 풀이

破(파) : 쪼개다 | 竹(죽) : 대나무 | 之(지) : ~의 | 勢(세) : 형세

◎ 뜻풀이

'대나무를 쪼개는 듯한 형세'란 뜻으로 '무서운 힘을 가지고 거침없이 쳐들어가는 기세'를 일컫는 말이다.

◎ 유래

三國時代는 晉나라의 건국으로 막을 내렸지만, 三國 중 하나인 吳나라는 15년 동안이나 그 명맥을 유지하였다. 吳나라를 정벌하기 위해 杜預(두예)는 20만 대군으로 荊州(형주)를 점령하고 마지막 총공격을 하기 전에 작전 회의를 열었다. 이때 한 참모가 "지금 당장 완벽한 승리를 거두기는 어렵습니다. 더구나 봄철이라 비도 잦고 전염병까지 발생하기 쉬우니 일단 전투를 중지하고 겨울이 올 때까지 기다리는 것이 어떻겠습니까?"라고 하였다. 그러나 杜預는 "지금 우리 군사의 사기는 매우 높다. 이는 마치 대나무를 쪼개는 것[破竹]과 같다. 몇 개의 마디라도 칼만 대면 그대로 쪼개지므로 다시 손댈 것도 없다"고 단호히 말하고 곧장 吳나라의 수도로 진격할 것을 명령하였다.

과연 晉나라 군대가 이르는 곳마다 吳나라 군대는 제대로 싸워볼 생각도 하지 않고 항복하였고 晉나라는 드디어 완전한 통일을 이룰 수 있었다.

推 句(抄)

花有重開日이나	꽃은 다시 필날이 있겠지만
人無更少年이라	사람은 다시 소년이 될 수없지
白日莫虛送하라	날을 헛되이 보내지 말게나
靑春不再來니라	청춘이란 다시 오지 않는 법이라네

◎ 字句 풀이

重(중) : 무겁다. 또 다시(두 번) │ 開(개) : 열다. 피다 │ 更(갱, 경) : 다시 (갱), 고치다(경)
│ 白日(백일) : 대낮. 즉, 공부할 수 있는 시간을 뜻함 │ 莫(막) : 없다. ~하지 말라 │ 虛
送(허송) : 헛되이 보내다. (虛送歲月)

推句 : 언제 누구에 의해 만들어졌는지 알 수는 없으나, 四字小學과 더
불어 조선시대 아동들을 위한 초급 한문 교재로 쓰였다. 여러 책에서 五
言漢詩나 名句를 뽑아 편찬한 것이다.

이 시의 지은이는 알 수 없다. 첫째 구와 둘째 구는 宋나라 陳著의 시에서 따온
것인데 原詩에는 '人無再少年'으로 되어 있으며, 셋째 구와 넷째 구는 唐나라

林寬의 시에서 인용한 것인데 이 역시 原詩에는 '白日莫空過'로 되어 있다. 이로 미루어보아 이 詩 역시 두 사람의 詩 중에서 비슷한 내용의 詩句를 골라 한 편처럼 엮어 놓은 것이다.

꽃이야 피고 지고 또 다시 피어나지만 인간 삶에 있어 젊음은 단 한 번뿐이다. 젊음을 사람이 원하는 대로 다시 오게 할 수 있다면 얼마나 좋겠는가마는 한번 가버린 세월은 다시는 돌이킬 수 없는 것이다. 그러니 뒤늦게 후회를 한들 무슨 소용이 있겠는가? 헛되이 시간 낭비하지 말고 부지런히 학업에 정진해야 한다는 것이다.

沈

王羲之 大觀帖

漢字의 理解

沈

'沈'은 원래 '물에 가라앉다'는 의미인데, 이 뜻에서 '마음이 가라앉다' '(정도가) 깊다' 는 의미가 파생되었다. 姓으로 쓸 때는 '심'으로 읽는다.

용례

沈沒　沈滯　沈痛　沈默　沈鬱　沈潛　沈着
擊沈　浮沈　陰沈　沈澱物　意氣銷沈

鑛物과 관련된 漢字語

鐵馬 [鐵(철) : 쇠. 馬(마) : 말]

鐵壁 [鐵(철) : 쇠. 壁(벽) : 벽]

鐵則 [鐵(철) : 쇠. 則(칙) : 규칙]

鐵絲 [鐵(철) : 쇠. 絲(사) : 실]

鐵石 [鐵(철) : 쇠. 石(석) : 돌]

鐵槌 [鐵(철) : 쇠. 槌(퇴) : 몽둥이]]

鐵桶 [鐵(철) : 쇠. 桶(통) : 통]

鐵面皮 [鐵(철) : 쇠. 面(면) : 얼굴. 皮(피) : 가죽]

鐵條網 [鐵(철) : 쇠. 條(조) : 끈. 網(망) : 그물]

鐵甕城 [鐵(철) : 쇠. 甕(옹) : 독. 城(성) : 성]

寸鐵殺人 [寸(촌) : 마디. 鐵(철) : 쇠. 殺(살) : 죽이다. 人(인) : 사람]

格言·名句 및 俗談

學問은 如逆水行舟니 不進則退니라　　　—左宗棠

학문이란 것은 물을 거슬러 배를 가게 하는(運行하는) 것과 같으니 앞으로
나아가지 않으면 뒤로 물러나게 된다.

一日之狗가 不知畏虎라

'하룻강아지 범 무서운 줄 모른다'는 말로, '멋모르고 겁 없이 덤빔'을 비유함.

讀書

夫讀書는 如遊山이라 有登山未半而止者하며

有歷遍而未知其趣者라 必也知其山水之趣라야

方可謂遊山이니라　　　　　　　　　　　－海東續小學

무릇 독서라는 것은 산을 유람하는 것과 같다. 산에 오른 지 반도 안 되었는데 그만두는 사람도 있으며, 두루 돌아다니고도 그 멋을 알지 못하는 사람도 있다. 반드시 그 산수의 멋을 알아야만 바야흐로 산을 유람했다고 이를 수 있을 것이다.

字句 풀이

夫(부) : 지아비. <u>무릇</u>. 대저 | 如(여) : <u>~와 같다.</u>[비교], 만약 [가정] | 遊(유) : 놀다. 두루 돌아다니며 구경함 | 止(지) : 그만두다. 그치다 | 歷遍(역편) : ＝遍歷. 널리 돌아다님 | 趣(취) : 멋. 흥취 | 必也(야) : 반드시. '也'는 어감을 강하게 하는 용법 | 山水(산수) : 산과 물. 즉 자연의 경치 | 方(방) : 네모. 방위. <u>바야흐로</u>

文法 研究

· 有~者(유~자) : '~하는 사람이 있다'

　예 有執長竿入城門者 : 긴 장대를 잡고 성문으로 들어가는 사람이 있다.

海東續小學 : 구한 말 박재형(朴在馨)이 아동 교육을 위해 小學의 편차에 따라 우리나라 유명 인물들의 언행을 기록한 책.

우리 속담에 '寒食(한식)에 죽으나 淸明(청명)에 죽으나'라는 말이 있다. 이 말은 '(한식과 청명은 하루 사이이므로) 하루 먼저 죽으나 늦게 죽으나 마찬가지다'라는 뜻이다.

'寒食'은 불에 타서 죽은 춘추시대 때 介子推(개자추)를 추모하는 마음에서 그가 죽은 그 날 하루만은 불을 지피지 않은 것에서 유래한다.

개자추는 晉나라 文公을 따라 19년 동안 망명 생활을 한다. 망명 생활의 고초는 이루 다 말할 수도 없었다. 심지어 먹을 것이 다 떨어지자 개자추는 자신의 허벅지 살을 도려내어 문공에게 주었다고 한다. 그 후 문공은 왕위에 올랐으나 그에게는 아무런 상도 주지 않았다. 이에 실망한 개자추는 산으로 숨어 들어간다. 뒤늦게 자신의 잘못을 깨달은 문공은 여러 번 산에서 나오라고 그를 설득했으나 그는 나오지 않았다. 문공은 불을 지르면 나올 것이라고 생각하고 산에 불을 질렀으나 그는 끝내 나오지 않고 불에 타 죽었다고 한다. 요즈음 '자기를 희생시켜가며 상대방을 고통스럽게 하는 행동'을 '介子推 콤플렉스'라고 부른다.

糟糠之妻 조강지처

◎ 字句 풀이

糟(조) : 술지게미 ┃ 糠(강) : 쌀겨 ┃ 之(지) : ~의 ┃ 妻(처) : 아내

◎ 뜻풀이

'술지게미와 쌀겨로 끼니를 이어 가며 고생을 같이한 아내'란 뜻인데 지금은 '장가들어 여러 해 같이 살아온 아내'란 의미로도 쓰인다.

◎ 유래

後漢 光武帝의 누나인 湖陽公主가 과부가 되자 光武帝는 개가시킬 생각으로 그녀의 의향을 물어 보았다. 그랬더니 그녀는 "宋弘 같은 사람이 아니라면 개가할 생각이 없다"라고 하였다. 宋弘은 중후하고 정직하기로 이름난 인물로 大司空의 지위에 있었다. 光武帝는 "누님의 의향을 잘 알았습니다. 그럼 한 번 힘써 보지요" 하고 약속을 하였다.

그러던 어느 날 宋弘이 알현하러 들어오자 光武帝는 公主를 병풍 뒤에 숨겨 두고 그에게 "속담에 이르기를 '지위가 높아지면 친구를 바꾸고, 집이 부유해지면 아내를 바꾼다'고 하였는데 그렇게 할 수 있겠는가?"라고 하자 宋弘은 서슴치 않고 "신은 가난하고 미천했을 때의 친구를 잊어서는 안 되고[貧賤之交 不可忘], 지게미와 쌀겨를 먹으며 같이 고생한 아내는 집에서 내칠 수 없다[糟糠之妻 不下堂]고 들었습니다"라고 답하였다.

破鏡 파경

◎ **字句 풀이**

破(파) : 깨트리다 | 鏡(경) : 거울

◎ **뜻풀이**

'깨어진 거울' 이란 뜻으로 '부부가 헤어져서 영원히 다시 합칠 수 없게 된 경우'를 가리킨다.

◎ **유래**

陳나라 徐德言은 隋나라 대군이 쳐들어오자 아내를 불러 말했다. "상황을 예측할 수 없소. 나라가 망하게 되면 당신은 미모와 재주가 뛰어나므로 틀림없이 적의 손에 붙잡혀 끌려가게 될 것이오. 그리되면 다시 만나기 어려울 테지" 하고는 옆에 있던 거울을 둘로 쪼개어 아내에게 주면서 "이것을 소중히 간직하시오. 그리고 정월 보름날 저잣거리에서 내가 오는지 살피고 있으시오. 만일 살아 있다면 찾아가겠소"라고 하였다.

과연 陳나라는 함락이 되고 그의 아내는 隋文帝의 일등 공신인 楊素의 집으로 들어가게 되었다. 한편 그는 난리 속에서 겨우 목숨만 건져 일 년이 지난 후 약속한 장소로 갔다. 정월 보름날 저잣거리에는 과연 반쪽짜리 거울을 파는 사내가 있었으니 그는 헤어진 아내의 심부름꾼이었다.

그는 그 거울을 자신의 거울과 맞춰 보고는 그 뒷면에 '거울은 사람과 함께 가더니 거울만 돌아오고 사람은 돌아오지 않누나'라는 시를 적어 다시 돌려보냈다. 그의 아내는 심부름꾼이 들고 온 거울을 보고 그 뒤로 식음을 전폐하고 울기만 하였다. 이 사실을 안 楊素는 두 사람의 사랑에 감동하여 즉시 徐德言을 불러 그녀와 함께 고향으로 돌아가도록 해 주었다.

漢詩 鑑賞

勸 學 　陶潛

盛年不重來하고 　젊은 시절은 다시 오지 않고

一日難再晨이라 　하루에 새벽이 두 번 오기 어려우니

及時當勉勵하라 　때를 맞아 마땅히 열심히 노력하라

歲月不待人이라 　세월은 사람을 기다리지 않는다

◎ 字句 풀이

盛年(성년) : 청춘, 즉 젊은 시절 │ 重(중) : 무겁다. <u>거듭</u> │ 難(난) : 어렵다 │ 晨(신) : 새

벽 │ 及時(급시) : 그 (젊을) 때에 미쳐서(이르러서) │ 當(당) : 마땅히 │ 勉勵(면려) : 힘쓰

다. 노력하다 │ 待(대) : 기다리다

陶潛(도잠, 365~427) : 중국 東晉 때의 시인. 字는 淵明(연명)이다. 그
의 歸去來辭(귀거래사)는 벼슬을 그만두고 전원으로 돌아가서 지내고자
하는 자신의 의지를 나타낸 글로 후세에 널리 애송되었다.

이 시에서는 시간의 소중함을 일깨우고 있으며, 특히 젊은이에게 시간을 낭비
하지 말고 열심히 학문에 정진하라는 충고를 하고 있다. 하루에 새벽이 두 번
올 수 없듯, 인생에서도 젊은 시절은 두 번 다시 오지 않으니 그 소중함을 깨닫
고 더욱 열심히 노력하라는 것이다. 아울러 마지막 구에서 뒤늦게 후회를 해도
시간은 사람을 기다려 주지 않는다고 거듭 일깨우고 있다.

突

孫過庭 書譜

漢字의 理解

突

'突'은 '穴(혈 : 구멍)'과 '犬(견 : 개)'이 모여 이루어진 글자로, '개가 구멍에서 엿보고 있다가 갑자기 뛰쳐나오는 것'을 나타내며 '갑자기' '부딪치다'는 뜻으로 쓰인다.

용례

突擊　突發　突變　突然　突進
突出　突入　突風
激突　唐突　猪突　追突　衝突
突破口　突然變異　左衝右突

鑛物과 관련된 漢字語

玉稿 [玉(옥) : 옥. 稿(고) : 원고]

玉石 [玉(옥) : 옥. 石(석) : 돌]

玉碎 [玉(옥) : 옥. 碎(쇄) : 부서지다]

玉顔 [玉(옥) : 옥. 顔(안) : 얼굴]

玉體 [玉(옥) : 옥. 體(체) : 몸]

玉座 [玉(옥) : 옥. 座(좌) : 자리]

玉童子 [玉(옥) : 옥. 童(동) : 아이. 子(자) : 아들]

金枝玉葉 [金(금) : 황금. 枝(지) : 가지. 玉(옥) : 옥. 葉(엽) : 잎]

金科玉條 [金(금) : 황금. 科(과) : 법. 玉(옥) : 옥. 條(조) : 조목]

玉石俱焚 [玉(옥) : 옥. 石(석) : 돌. 俱(구) : 함께. 焚(분) : 타다]

纖纖玉手 [纖纖(섬섬) : 연약하고 가냘픈 모양. 玉(옥) : 옥. 手(수) : 손]

玉皇上帝 [玉(옥) : 옥. 皇(황) : 임금. 上(상) : 위. 帝(제) : 임금]

格言 · 名句 및 俗談

知彼知己면 百戰不殆니라 — 孫子
상대방을 알고 자기 자신을 알면 백 번 싸워도 위태롭지 않다.

去言美라야 來言美라
'가는 말이 고와야 오는 말이 곱다'로 '자기가 먼저 남에게 잘 대해 주어야
남도 자기에게 잘 대해준다'는 말이다.

鷄行竹葉成

蔡壽有孫하니 曰無逸이라 年才五六歲에 蔡壽가 於雪中에
負無逸而行이라가 作一句曰 犬走梅花落이라 하니 語卒에
無逸이 對曰 鷄行竹葉成이라 하더라　　　　　　　 ─於于野談

채수에게 손자가 있으니 (이름을) '무일'이라 한다. 나이가 겨우 대여섯
살쯤 되었을 때 채수가 눈 속에 (손자) 무일을 업고 가다가, 시 한 구를 지
어 "개가 달려가매 매화꽃이 떨어지누나"라고 하니, 말을 마치자 무일이
대를 맞추어 "닭이 지나가매 댓잎이 이루어지네요"라고 하더라.

字句 풀이

蔡壽(채수, 1449~1515) : 조선 성종 때의 문인 | 蔡無逸(채무일, 1496~1556) : 조선 인
종 때의 문인. 채수의 손자 | 孫(손) : 손자. 자손 | 曰(왈) : ~라고 하다. 말하다 | 年
(년) : 해. 나이 | 才(재) : 재주. 겨우(纔) | 負(부) (등에) 지다. (싸움에) 지다. 업다. 입다
| 行(행, 항) 다니다. 가다(행). 항렬. 줄(항) | 犬走梅花落(견주매화락) 눈 위에 개의 발
자국이 매화 꽃잎 모양처럼 찍혔다는 의미 | 卒(졸) 마침내. 마치다. 죽다 | 對(대) 마주
보다. 대답하다. 대구(對句) | 鷄行竹葉成(계행죽엽성) 눈 위에 닭의 발자국이 댓잎 모
양으로 찍혔다는 의미

文法 研究

· 於(어) : '~에' 즉 장소를 나타냄. '於雪中'은 '눈 속에'

· 對句(대구) : 대구란 글자 수가 서로 같고 의미상 서로 대립(對立)하거나 상응(相應)하는 위아래 두 구(句)를 말하는데, 이러한 두 구(句)의 짝을 맞추는 수사법을 '대구법(對句法)'이라고 한다.

於于野談 : 조선 중기의 학자인 유몽인(柳夢寅)이 지은 5권 2책의 야담집. 임진왜란 전후의 생활상과 구전(口傳)하는 여러 가지 이야기를 간결하면서도 평이한 문체로 잘 묘사하고 있다.

해설

우리나라 漢詩 중에는 한글 字母를 섞어 쓰거나 한글 音을 차용하여 쓴 시들이 있다. 이른바 戲作詩(희작시)의 일종이다. 조선 후기 기존의 전통적인 한시 형식이 붕괴되면서 나타난 변형된 형태이다.

吾看世시옷, 是非在미음. 歸家修리을, 不然點디귿

이 시에서 '시옷'은 '人(사람)' '미음'은 '口(입)' '리을'은 '己(몸)' '點디귿'은 '디귿'에 점을 찍어 '亡(망하다)'이다.

이 시를 다시 쓰면 '吾看世人하니 是非在口라 歸家修己하라 不然亡하리라' 이다.

즉 '내가 세상 사람들을 보자 하니, 시빗거리가 늘 입에 달려 있구나. 집에 돌아가 자기 몸을 닦아라, 그렇지 않으면 망할 것이다'이다.

다음은 김삿갓이 지은 시이다.

二十樹下三十客 : 二十樹 → 스무나무

　　　　　　　　 : 三十客 → 서른 나그네 (서러운 나그네)

四十村中五十食 : 四十村 → 마흔 마을 (망할 마을) 五十食 → 쉰 밥

人間豈有七十事 : 七十事 → 일흔 일 (이런 일)

不如歸家三十食 : 三十食 → 서른 밥 (설은 밥)

二十樹下三十客 : 스무나무 아래 서러운 나그네

四十村中五十食 : 망할 마을에서 쉰 밥을 주는구나

人間豈有七十事 : 인간 세상에 어찌 이런 일이 있는가

不如歸家三十食 : 집에 돌아가 설은 밥을 먹는 것만 못하네

한문을 우리 말 투로 읽어 풍자의 묘미를 살려내고 있다. 김삿갓이 전국을 유람하면서 겪은 고통과 설움을 야유와 해학을 통하여 직설적으로 그려내고 있다.

故事成語

推敲 퇴고

◎ 字句 풀이

推(퇴) : 밀다 | 敲(고) : 두드리다

◎ 뜻풀이

'문장을 고치고 다듬어 비슷한 말이라도 어느 것이 더 적절한가를 여러 번 생각하고 살피는 것'을 이르는 말이다.

◎ 유래

唐나라 때 시인 賈島(가도)는 한때 승려가 되기도 하였으나 뒤에 환속하여 벼슬까지 하였다. 그가 唐나라 서울 長安으로 과거를 보러 갈 때의 이야기다. 그는 나귀를 타고 가다가 갑자기 詩想이 떠올랐다. 첫째 구절을 짓고 나서 두 번째 구절을 지었는데 그것이 바로,

새는 연못 가 나무에서 자고 [鳥宿池邊樹]

중은 달 아래 문을 두드린다. [僧敲月下門]

라는 것이다.

그런데 ‘두드린다’는 ‘敲(고)’ 字보다 ‘민다’는 ‘推(퇴)’ 字가 어떨까 하는 생각이 들었다. 그러나 어느 것이 나은지 얼른 판단이 서지 않았다. 그래서 그는 두 글자를 중얼거리며 가다 보니 앞에 귀인의 행차가 오는 것도 알지 못하였다. 그 일로 행차를 범하였다는 죄로 귀인의 앞에 끌려가게 되었는데 그 귀인은 당대의 최고 문장가이며 京兆尹(경조윤)으로 있던 韓愈였다. 賈島가 행차를 범하게 된 이유를 설명하자 韓愈는 잠시 생각에 잠겼다가 “역시 ‘민다’는 ‘推’보다는 ‘두드린다’는 ‘敲’가 낫겠군”이라 하였다. 이 일이 인연이 되어 賈島와 韓愈는 절친한 벗이 되었다.

狐假虎筬 호가호위

◎ **字句 풀이**

狐(호) : 여우 | 假(가) : 빌리다 | 虎(호) : 호랑이 | 威(위) : 위엄

◎ **뜻풀이**

'여우가 호랑이의 위엄을 빌려 제 위엄으로 삼았다'는 뜻으로 '자신은 아무런 실력도 없으면서 남의 권세를 믿고 위세를 부리는 사람'을 비유한다.

◎ **유래**

楚나라는 당시 昭亥恤(소해휼)이 실권을 잡고 있었다. 하루는 楚나라 宣王이 신하들에게 물었다.

"북방의 모든 나라들이 昭亥恤을 두려워한다는데 그 까닭이 무엇인가?"

신하들이 대답하지 못하고 서로 얼굴만 쳐다보고 있었다. 이 때 江乙이라는 신하가

"호랑이가 하루는 여우를 잡게 되었습니다. 그런데 여우가 호랑이에게 '그대는 감히 나를 잡아먹지 못하리라. 천제께서 나를 백수의 왕으로 삼았기 때문이지. 만약 그대가 내 말을 믿지 못하겠다면 내 뒤를 따라오면서 짐승들이 나를 보고 감히 달아나지 않는가 보아라' 하였습니다. 그러자 호랑이는 여우의 말을 그럴 듯하게 여기고는 뒤를 쫓아갔는데, 과연 짐승들이 모두 달아나는 것이었습니다. 그러나 호랑이는 짐승들이 자신을 보고 달아나는 것을 알지 못하였습니다. 북방의 국가들이 昭亥恤을 두려워함은 실상은 임금님의 막강한 군대를 두려워하는 것입니다"라고 대답하였다.

途中　　　權韠

日入投孤店하니	해 저물어 외딴 집에 묵으니
山深不掩扉라	산이 깊어 사립문도 닫지않네
鷄鳴問前路하니	닭이 울자 갈 길을 묻는데
黃葉向人飛라	단풍잎 사람을 향해 날리네

◎ 字句 풀이

途(도) : 길 │ 日入(일입) : 해가 서산으로 들어가다(지다) │ 投(투) : 던지다. <u>투숙하다</u>(묵다) │ 掩(엄) : 닫다 │ 扉(비) : 사립문 │ 鷄鳴(계명) : 닭이 울다. 즉, 새벽이 되었다는 의미 │ 前路(전로) : '앞 길' 즉, '떠나갈 길' │ 黃葉(황엽) : 낙엽

權韠(권필, 1569~1612) : 字는 汝章(여장), 號는 石洲(석주). 조선 중기의 문신. 松江 鄭澈(정철)의 문인으로 평생 과거에 뜻을 두지 않고 詩作에 전념하였다.

산길을 가다가 해가 저물자 나그네는 외딴 집에 묵었다. 이 집은 깊은 산 속에 있기 때문에 사립문도 닫지 않는다. 새벽이 되어 길을 떠나는데, 단풍잎이 지은

이의 머리 위에 수도 없이 계속 떨어지고 있다. 가을 산촌의 한가한 정취를 청각적[鷄鳴], 시각적[黃葉] 이미지로 간결하고 담백하게 묘사하고 있다.

設

智永 千字文

漢字의 理解

設

'設'은 '言(언)'과 '殳(수)'가 합쳐진 글자이다. '言'은 '말로 표시한
다'는 의미이며 '殳'는 '긴 병장기'이다. 즉 '말로 사람에게 무기
를 잡고 일을 하게 한다'는 뜻에서 '설비하다' '만들다' '설립하다'
등의 뜻이 파생되었다. 또한 '設'은 '가령'의 뜻(設令, 設使)으로도
쓰인다.

용례

設計　設立　設問　設備　設定
設置　架設　建設　公設　竝設
附設　私設　常設　施設　新設
增設　創設　特設　爲人設官

鑛物과 관련된 漢字語

古銅色 [古(고) : 오래되다. 銅(동) : 구리. 色(색) : 빛]

鉛筆 [鉛(연) : 흑연. 筆(필) : 붓]

塗炭 [塗(도) : 진흙. 炭(탄) : 숯]

氷炭不相容 [氷(빙) : 얼음. 不(불) : 아니다. 相(상) : 서로. 容(용) : 받아들이다.]

試金石 [試(시) : 시험하다. 金(금) : 쇠. 石(석) : 돌]

電光石火 [電(전) : 번개. 光(광) : 빛. 石(석) : 돌. 火(화) : 불]

他山之石 [他(타) : 남. 山(산) : 산. 之(지) : ~의. 石(석) : 돌]

一石二鳥 [一(일) : 하나. 石(석) : 돌. 二(이) : 둘. 鳥(조) : 새]

完璧 [完(완) : 온전하다. 璧(벽) : 둥근 옥]

格言·名句 및 俗談

井蛙不知海요 夏蟲不知氷이라 　　　－明心寶鑑
우물 안 개구리는 바다를 알지 못하고, 여름 철 풀벌레는 얼음을 알지 못한다.

晝語鳥聽하고 夜話鼠聽이라
'낮 말은 새가 듣고, 밤 말은 쥐가 듣는다'로 '아무리 비밀스럽게 한 말도 누군가가 들으니 항상 말조심을 하라'는 뜻이다.

金剛山
中國人이 有曰 願生高麗國하여 親見金剛山이라 하니
金剛山之名於天下久矣라 然이나 我國之人은
相去數百里間이나 而不果遊者가 多矣　　　—芝峰類説

중국 사람이 "고려국에 태어나 몸소 금강산 보기를 원한다"라고 말한 것이
있으니, 금강산이 천하에 이름이 난 지가 오래되었다. 그러나 우리나라 사
람들은 서로 수백 리 사이를 떨어져 있지만 유람을 하지 못한 사람이 많다.

 字句 풀이

有曰(유왈)~ : '~라고 말한 것이 있다.', '~라고 말한 적이 있다' | 願(원) : 바라다. 소
망 | 高麗國(고려국) : 여기서 '高麗'는 특정 왕조를 지칭하는 것이 아니라 일반적으로
우리나라를 일컫는 말로 쓰임 | 親(친) : 친하다. 어버이. 몸소 | 之(지) : 여기서는 주격
조사처럼 쓰임 | 名(명) : 이름. 이름이 나다 | 於(어) : 장소를 나타냄. '~에'의 뜻 | 久
(구) : 오래다 | 矣(의) : 종결 조사로 '~이다' | 然(연) : 그러하다(自然). 그러나 | 相(상)
: 서로. 보다. 돕다. 정승 | 去(거) : 가다. 떨어지다. 버리다(除去) | 果(과) : 실과. 해내
다. 이루다. | 遊(유) : 놀다 | 者(자) : 것. ~하는 사람

文法 研究

· 願(원) : '~를 바라다' '~를 원하다'로 보통 문장의 첫머리에 쓰인다.

· 之(지) : 우리는 이제까지 '之'의 쓰임으로 '의, ~한'의 용례를 다루었다. '金剛山之名
  於天下久矣'에서 쓰인 '之'는 일반적으로 주격의 용법이라 하며, '은, 는, 이, 가' 정
  도의 뜻이 된다.

· 不~者(불~자) : '~하지 못한 사람'

芝峰類說 : 이수광(李睟光)이 1614년에 편찬한 책. 20권 10책으로 다양
한 내용을 백과 사전처럼 수록하였다. '芝峰'은 그의 號이다.

해설
'碧昌牛(벽창우)'와 '三水甲山(삼수갑산)'은 모두 북한의 지명과 연관이 있는 성
어이다.

· 碧昌牛 : 평안북도 碧潼(벽동)과 昌城(창성) 지방에서 나는 크고 억센 소를 가
  리키는 말로 '벽창우' 또는 '벽창호'라고 읽으며 '미련하고 고집이 센 사람'을
  일컫는다.

· 三水甲山 : 예전에 유배지로 유명한 함경남도 三水와 甲山은 그 지세가 험하고
  교통이 불편하여 가기 어려운 곳이라는 뜻에서 '몹시 어려운 지경'을 비유하는
  말로 쓰인다.

完璧 완벽

◎ 字句 풀이

完(완) : 온전하다 | 璧(벽) : 둥근 옥

◎ 뜻풀이

원래는 '구슬을 온전히 보전한다'는 뜻으로 '결점이 없이 훌륭한 것'을 의미하기도 하고 '완전 무결하다'는 형용사로도 사용된다.

◎ 유래

趙나라 惠文王은 당시 천하의 보물로 이름난 和氏의 옥구슬을 가지고 있었다. 이를 탐낸 秦나라 昭襄王은 열다섯 개의 성과 교환할 것을 제의하였다. 그러나 秦나라의 속셈은 옥구슬만 빼앗자는 것이었으므로 趙나라에서는 대책을 강구하지 않을 수 없었다. 이때 藺相如(인상여)라는 신하가 사신으로 가기를 자청하며 "열다섯 개의 성이 우리 趙나라의 소유가 된다면 구슬을 그대로 두고 오겠지만, 만약 그렇지 않을 경우 구슬을 온전히 하여 귀국하겠습니다"라고 말하였다.

藺相如가 秦나라에 가서 옥구슬을 바쳤으나 짐작했던 대로 昭襄王은 약속을 지키지 않았다. 그러자 藺相如는 왕을 속여 구슬을 다시 자신의 손에 넣은 후 크게 화를 내며 소리쳤다.

"대왕께서 굳이 구슬을 강요하신다면 제 머리가 구슬과 함께 기둥에 부딪쳐 부서질 것입니다"

藺相如의 당찬 태도에 기가 질린 昭襄王은 구슬을 포기할 수밖에 없었다.

刎頸之交 문경지교

◎ 字句 풀이

刎(문) : 베다 ㅣ 頸(경) : 목 ㅣ 之(지) : ~의 ㅣ 交(교) : 사귀다

◎ 뜻풀이

'목이 잘려도 괘념치 않는 절친한 사귐'란 뜻으로 '생사를 같이 하는 벗'을 이르는 말이
다.

◎ 유래

藺相如는 秦나라에 갔다가 和氏의 옥구슬을 되찾아 귀국한 공으로 上大夫가 되었다.
그 후 秦王과 趙王이 회합할 때 趙王을 욕보이려던 秦王에게 무안을 준 공으로 上卿
이 되었다. 藺相如의 벼슬은 趙나라 명장 廉頗(염파)보다 높아지게 되었다. 이렇게 되
자 廉頗는 분개하여 "藺相如를 만나기만 하면 반드시 모욕을 주고야 말겠다"고 공언
하였다.

이 말을 들은 藺相如는 廉頗 만나기를 꺼려하여 조정에도 나가지 앉고, 廉頗를 멀리서 보기만 하여도 피해 버렸다. 이를 본 藺相如의 부하들은 매우 수치스럽게 여겼다. 藺相如는 그들을 타일러 말하었다. "나는 秦王의 위세에도 눌리지 않고 오히려 秦나라 조정에서 秦王을 혼내 주었을 뿐만 아니라, 秦나라 신하들까지 욕을 보었다. 내가 아무리 못났다한들 廉將軍을 두려워하겠는가? 秦나라가 쳐들어오지 못하는 이유는 廉將軍과 나 두 사람이 있기 때문이다. 만약 우리 두 사람이 싸운다면 결국 모두 죽게 되고 말 것이다"

이 말을 전해 들은 廉頗는 부끄럽게 여기고 그의 집으로 찾아가 사죄하였다. 이후 두 사람은 죽음을 당하더라도 마음이 변치 않을 절친한 사이가 되었다.

漢詩鑑賞

送僧之楓岳 成石璘

一萬二千峰이　　금강산 일만 이천 봉
高低自不同이라　높고 낮음이 각기 다르다네
君看日輪上하라　그대는 솟아오르는 해를 보게나
高處最先紅이라　높은 봉우리가 가장 먼저 붉어지는 것을

◎ 字句 풀이

之(지) : 가다 | 楓岳(풍악) : 가을 금강산을 '풍악'이라고 함 | 送僧之楓岳(송승지풍악) :
금강산으로 가는 스님을 송별하며 | 君(군) : 그대. 임금 | 日輪(일륜) : 해 | 上(상) : 위.
오르다(떠오르다) | 高處(고처) : '높은 곳' 즉, '높은 봉우리' | 最(최) : 가장

成石璘(성석린, 1338~1423) : 字는 自修(자수), 號는 獨谷(독곡). 고려
공민왕 때 大提學을 지냈고 조선 태종 때 영의정을 지냈다. 詩詞에 뛰
어났고 草書를 잘 썼다.

금강산은 일만 이천 개나 되는 많은 봉우리로 된 산으로 사시사철 아름다운 자

태를 뽐내고 있다. 특히 가을의 금강산은 온 산이 울긋불긋한 단풍으로 가득 차서 '풍악산'으로 불린다. 지은이는 금강산으로 떠나는 스님을 전송하며 높고 낮은 일만 이천 개의 봉우리가 각각 형형색색으로 물든 가을 금강산에 아침해가 솟아올라 붉게 물들이던 황홀한 광경을 떠올리고 있다. 이 시는 붉은 단풍이 물든 봉우리에 아침 햇살이 비쳐 더욱 붉게 보이는 가을 금강산의 아름답고 신선한 모습을 떠올리게 한다.

김종직(金宗直)은 이 시를 득도의 경지를 비유한 것이라고 평하였다.(得道之有先後深淺) 즉, 가장 높은 봉우리가 아침 햇살을 제일 먼저 받듯이 도를 깨닫는 것도 사람의 자품에 따라 순서와 깊고 얕음이 있다는 것이다.

也驥江吾所乐也亦

先生之所知不齒

先生之先君為鞭也南望不覺為之悵然況世

問新事歲吳兩月不同笑近聞若茲序庙幸

今官聞欲寫匈隱正為注子果浮如鄜州寧

當作一夜顏也歲受新米之

惠敢不銘感僕向育患痾侯將三十日矣比來小

却

王羲之 大觀帖

漢字의 理解

却 　'却'은 '물리치다' '치워 없애다' '물러나다'는 뜻으로 쓰인다.

용례

却說　却下　棄却　冷却　忘却
賣却　燒却　退却
冷却水　冷却期　却說이　減價償却

人體와 관련된 漢字語

口味 [口(구) : 입. 味(미) : 맛]

口實 [口(구) : 입. 實(실) : 실상]

口碑 [口(구) : 입. 碑(비) : 비석]

口辯 [口(구) : 입. 辯(변) : 말 잘하다]

口號 [口(구) : 입. 號(호) : 부르짖다]

口舌數 [口(구) : 입. 舌(설) : 혀. 數(수) : 운수]

耳目口鼻 [耳(이) : 귀. 目(목) : 눈. 口(구) : 입. 鼻(비) : 코]

衆口難防 [衆(중) : 무리. 口(구) : 입. 難(난) : 어렵다. 防(방) : 막다]

糊口之策 [糊(호) : 풀칠하다. 口(구) : 입. 之(지) : ～의. 策(책) : 방책]

格言·名句 및 俗談

衆惡之라도 必察焉하고 衆好之라도 必察焉이니라 —論語
여러 사람들이 미워하더라도 반드시 살펴보아야 하며, 여러 사람들이 좋아
하더라도 반드시 살펴보아야 한다.

無足之言이 飛于千里라
'발 없는 말이 천리 간다'로 '말을 삼가야 함'을 경계하는 뜻이다.

秋夕

八月十五日은 東俗稱秋夕이오 又曰嘉俳라

田家爲一年最重之名節하니 以其新穀已登이라

黃鷄白酒로 四隣醉飽以樂之하니라　　　　　　—東國歲時記

팔월 십오일은 우리나라 풍속에서 추석이라 일컫고 또는 가배라고도 한다. 시골 농가에서 일 년 중 가장 중요한 명절로 삼으니 그 해 곡식이 이미 익었기 때문이다. (이 날은) 닭고기와 막걸리로 사방 이웃과 (실컷) 취하고 배부르게 먹으면서 즐긴다.

字句 풀이

東俗(동속) : '東'은 '우리나라'를 가리킴. 즉, '우리나라 풍속' | 稱(칭) : <u>일컫다</u>. 이름 | 嘉俳(가배) : 신라 3대 유리왕 때 편을 갈라 길쌈을 하여 진 편에서 이긴 편에게 술과 음식을 대접하면서 노래와 춤을 추며 온갖 놀이를 하였는데 이를 '가배'라 한다. 추석을 '가위', '한가위' 라 하는데 모두 이 '가배'에서 유래한 것이다 | 田家(전가) : 농가. 농촌 | 爲(위) : 하다. 생각하다. <u>삼다</u>. 위하다 | 重(중) : 무겁다. <u>중히 여기다</u> | 新穀(신곡) : 햇곡식 | 已(이) : 그치다. <u>이미</u>(벌써) | 登(등) : 오르다. <u>익다</u> | 黃鷄(황계) : 털빛이 누런 닭 | 白酒(백주) : 막걸리 | 樂(악, 락, 요) : 풍류(악). <u>즐기다</u>(락). 좋아하다(요)

文法 硏究

· 以(이) : 행위의 원인이나 이유를 나타냄. '~때문, ~까닭이다'로 풀이한다.

　　例 我以捕蛇獨存 : 나만 뱀을 잡았기 때문에 혼자 살아 남았다.

· 以樂之(이락지) : 여기서 '以'는 '而'와 그 쓰임이 비슷하나.

> 東國歲時記 : 조선 정조 때의 학자인 홍석모(洪錫謨)가 우리나라의 일
> 년 행사와 각 지방의 온갖 민속을 수집하여 월별로 정리한 책.

해설

'소나기'는 '소낙비'라고도 하며 '갑자기 세차게 내리다 곧 그치는 비'를 일컫는 말이다. 그러나 이 말의 語源에 대해 의견이 분분한대 여기 권덕규 선생의 소나기 어원에 관한 재미있는 이야기를 소개한다.

"소나기는 갑자기 쏟아지는 비를 이름이니 흔히 速落雨라 풀어 그것의 變音이라 하더라. 내 꼭 그러할지는 모르겠도다. 내 이에 合當한 이야기 하나 생각나노니, 곧 옛적 어느 곳에 두 사람이 소를 끌고 場으로 팔러 가는데, 그 날 마침 검은 구름이 둥둥 떠 금방 비가 올듯한지라 이 두 사람이 비가 오느니 안 오느니 하다가 한사람 말이 그러면 좋은 수가 있으니 그리하자고 함에 또 한 사람도 그리하기로 하니 그 무슨 언약인고? 그들이 끌고 가는 소를 걸고 비가 오고 안 옴을 내기함이라, 이것이 곧 소나기의 근원이라 하더라." [權悳奎 隨筆集. 正音社 .1948]

'速落雨(속낙우 : 빨리 떨어지는 비)'의 음이 변하여 '소나기'가 된 것이 아니라 어떤 두 사람이 비가 올지 안 올지 '소 내기'를 해서 '소나기'가 되었다는 것이다.

宋襄之仁 송양지인

◎ 字句 풀이

宋(송) : 나라 이름 | 襄(양) : 돕다 | 之(지) : ~의 | 仁(인) : 어질다

◎ 뜻풀이

'宋나라 襄公의 仁'이라는 뜻으로 '대의명분만 지키고 쓸데없는 동정을 베풂'을 이르는
말이다.

◎ 유래

春秋時代 宋나라 襄公은 齊나라 桓公이 죽자 桓公의 뒤를 이어 천하 제패를 꿈꾼다.
그래서 신하들의 반대를 무릅쓰고 楚나라와 결전을 감행한다.

宋나라가 먼저 강 건너편에 진을 치고 있었고 楚나라는 강을 건너와 결전을 하려 하
였다. 이때 公子 目夷가 "적의 수가 많고 우리가 적으니 적들이 강을 건너지 못한 틈
을 타서 공격하는 것이 좋겠습니다"라고 권하였다. 그러나 襄公은 "그것은 정당한 싸
움이 아니다. 정정당당하게 싸워 이겨야지" 하며 듣지 않았다. 이윽고 楚나라 군사가
강을 건너와 진을 치고 있을 때 目夷가 다시 "적들이 진을 치기 전에 공격을 하시지
요"라고 권하였으나 襄公은 "그것도 정정당당한 자세가 아니지" 라고 하며 허락하지
않았다.

楚나라가 진을 친 후 전투를 벌인 결과 宋나라는 대패하고 말았다. 그리고 이 전투에
서 허벅지에 부상을 입은 襄公은 결국 이듬해 세상을 떠나고 만다.

天高馬肥 천고마비

◎ 字句 풀이

天(천) : 하늘 | 高(고) : 높다 | 馬(마) : 말 | 肥(비) : 살찌다

◎ 뜻풀이

'하늘이 높고 말이 살찐다'는 뜻으로 '하늘이 맑고 높은 가을'을 나타내는 말.
원래는 흉노족의 침입을 경계하는 말이었다.

◎ 유래

중국 북방에서 일어난 匈奴는 周 · 秦 · 漢을 거쳐 六朝에 이르는 약 2000년 동안 북방
변경의 농경지대를 끊임없이 침범 약탈해 온 유목 민족이다.

그래서 역대 왕들은 匈奴의 침입을 막기 위해 늘 고심했는데 최초로 중국을 통일한 秦
始皇은 만리장성을 쌓기도 하였고 漢나라는 미인을 보내 회유하기도 했다.

그러나 匈奴의 약탈은 끊이지 않았다. 북방의 초원에서 방목으로 살아가는 匈奴는 우
선 초원이 얼어붙는 긴 겨
울을 살아낼 양식이 필요
했기 때문이다. 그래서 북
방 변경의 사람들은 '하늘
이 높고 말이 살찌는' 가을
만 되면 언제 匈奴가 쳐들
어올지 몰라 전전긍긍했
다고 한다.

秋庭 金正喜

老人看黍席하니　노인은 기장 멍석을 지켜 보고 있는데
滿屋秋陽明이라　집 안 가득 가을볕이 밝구나
鷄逐草蟲去하여　닭은 풀벌레를 뒤쫓아 가서
菊花深處鳴이라　국화 떨기 깊은 속에서 울어대네

◎ 字句 풀이

黍(서) : 기장 ∣ 滿屋(만옥) : 집안 가득 ∣ 秋陽(추양) : 가을 햇볕 ∣ 蟲(충) : 벌레

金正喜(김정희, 1789~1856) : 조선 후기의 문인이며 서화가. 字는 元春(원춘), 號는 秋史(추사)·阮堂(완당). 독특한 추사체로 隸書와 行書에 새로운 경지를 열었다.

추수기 가을 농촌의 정경을 童詩 분위기가 느껴지도록 재미있게 표현하였다. 따사로운 가을 햇볕 아래 멍석을 지키는 노인과 풀벌레를 쫓아 마당 한구석 국화꽃 속으로 들어가는 닭의 모습이 한가롭고 안온한 느낌을 준다. 특히 닭 우는 소리는 靜寂(정적)이 흐르는 분위기를 더욱 선명하게 느끼게 해 준다.

超然求物外者其此語不有深知魚作何...

也緱江堯所樂也亦

先生之所知不啻

先生之先君著歎也南望不覺為之悵然況世

問新事歲栗兩月不同笑近聞若居序廟幸

今官閒於為匐隱匹馬法子果浮如郎川寧

當作一夜題也歲受新米之

惠敢不銘感僕旦宵患痾候將三十日矣比來小

裏
王鐸 自書詩卷

漢字의 理解

裏 '裏'는 '衣'와 '里'가 합쳐진 글자로 원래 '옷의 안쪽'을 의미한다. 여기에서 파생되어 '속'을 뜻하며 일부 명사의 뒤에 붙어 '그러한 조건이나 상태'를 뜻하기도 한다.

용례

表裏　腦裏
暗暗裏　極秘裏　秘密裏　公開裏
盛況裏　成功裏　絶讚裏

人體와 관련된 漢字語

口徑 [口(구) : 입. 徑(경) : 지름]

口傳 [口(구) : 입. 傳(전) : 전하다]

口演 [口(구) : 입. 演(연) : 연기]

口述 [口(구) : 입. 述(술) : 말하다]

口頭 [口(구) : 입. 頭(두) : 머리]

異口同聲 [異(이) : 다르다. 口(구) : 입. 同(동) : 한가지. 聲(성) : 소리]

有口無言 [有(유) : 있다. 口(구) : 입. 無(무) : 없다. 言(언) : 말]

一口二言 [一(일) : 하나. 口(구) : 입. 二(이) : 둘. 言(언) : 말]

口尙乳臭 [口(구) : 입. 尙(상) : 아직도. 乳(유) : 젖. 臭(취) : 냄새]

格言 · 名句 및 俗談

不義而富且貴는 於我如浮雲이라 　　　　　　　　－論語
의롭지 못하고서 富하고 貴한 것은 나에게는 뜬구름과 같다.

三歲之習이 至于八十이라
'세 살 버릇 여든까지 간다'로 '어려서 몸에 배는 습관이 매우 중요함'을
이르는 말.

許衡

許衡이 暑中에 過河陽할새 暍甚이러니 道有梨하여
衆爭取食이나 而獨危坐어늘 或言 世亂하여 此無主라 하니
曰梨無主언정 吾心獨無主乎아 하더라　　　　　—士小節

허형이 한더위 중에 하양을 지나갈 때 더위를 심하게 먹었는데 (마침) 길에 배나무가 있어 여러 사람들이 다투어 취하여 먹었으나 (그만) 홀로 바르게 앉아 있자 어떤 사람이 말하기를 "세상이 어지러워 이것은 주인이 없습니다"라고 하였다. (그러자 그가) 말하기를 "배나무는 주인이 없을지언정 내 마음에 유독 주인이 없겠는가?"라고 하였다.

字句 풀이

許衡(허형) : 元나라 때의 학자 ∣ 暑(서) : 더위. 여름 ∣ 過(과) : 지나다(過客), 지나치다(過食). 예전(過去). 허물(過誤) ∣ 河陽(하양) : 지명 ∣ 暍(갈) : 더위를 먹다 ∣ 甚(심) : 심하다. 매우 ∣ 梨(리) : 배나무 ∣ 取食(취식) : '취하여 먹다' 즉, '따서 먹다'는 뜻 ∣ 危(위) : 위태하다. 바르다. '危坐'는 '바르게(곧게) 앉다' ∣ 或(혹) : 혹은. 어떤 사람 ∣ 此(차) : '이것' 즉, '배나무'를 가리킴 ∣ 主(주) : 임금. 주인. 주장 ∣ 吾(오) : 나 ∣ 獨(독) : 홀로. 유독

文法 研究

· 獨無主乎(독무주호) : '獨'은 '유독', '乎'는 의문을 나타내는 종결사이다. '獨~乎'는
'유독~하겠는가'로 반어적인 용법으로 '주인이 있다'는 것을 강하게 표현한 것이다.

㉖ 獨畏廉將軍哉 : 유독 염파장군을 두려워하겠는가

士小節 : 숙종 때(1675)에 이덕무(李德懋)가 지은 수신서(修身書). 선
비와 부녀자, 아동들이 일상생활에서 지켜야 할 예절과 수신에 관한 내
용을 기록한 책.

우리나라 八道는 그 지역에서 가장 큰 도시의 이름을 따서 지은 것이다.
단, 京畿道는 '왕이 직접 관할하는 서울을 중심으로 500리 이내의 땅'을 '京畿'
라고 부른 데서 유래한다.

江原道 : 江陵과 原州   忠淸道 : 忠州와 淸州
慶尙道 : 慶州와 尙州   平安道 : 平壤과 安州
全羅道 : 全州와 羅州   咸鏡道 : 咸興과 鏡城

南柯一夢 남가일몽

◎ 字句 풀이

南(남) : 남 | 柯 (가) : 나뭇가지 | 一(일) : 하나 | 夢(몽) : 꿈

◎ 뜻풀이

'남쪽으로 뻗은 나뭇가지 밑에서의 한 꿈' 이란 뜻으로 '덧없는 인생과 부귀 영화'를 비유해 쓰는 말이다.

◎ 유래

唐나라 때 淳于棼(순우분)이라는 사람이 그의 집 남쪽 큰 느티나무 아래에서 술에 취하여 잠을 자고 있었다. 그러자 보라색 옷을 입은 사람이 나타나서 "槐安國王(괴안국왕)의 어명을 받들고 모시러 왔습니다"라고 말하였다. 淳于棼이 그를 따라 구멍 속으로 들어가자 국왕은 환대하며 공주와 결혼을 시켜 주고 南柯郡 태수로 임명하였다. 태수가 된 그는 정치를 잘 하여 南柯郡은 태평성대를 누리게 되었다. 淳于棼의 명망은 날로 널리 퍼져 나갔고 국왕은 그의 세력이 너무 커지는 것을 불안하게 생각하였다. 마침 淳于棼을 모함하는 상소가 있자 국왕은 그를 고향으로 돌려보냈다.

잠에서 깨어나 보니 자신이 느티나무 밑에서 자고 있는 것이 아닌가. 꿈이 너무도 생생하여 느티나무 뿌리 밑을

파 보니 개미 구멍이 나왔다. 그 구멍 속을 들여다보니 그곳은 자신이 꿈속에서 가 본 槐安國의 모습과 너무도 흡사하였다. 淳于棼은 감개무량하여 그대로 덮어 두었는데, 그날 밤 큰비가 내려 그 개미 구멍은 흔적도 없이 사라졌다.

武陵桃源 무릉도원

◎ 字句 풀이

武(무) : 굳세다 | 陵(릉) : 언덕 | 桃(도) : 복숭아 | 源(원) : 근원

◎ 뜻풀이

속세와 떨어져 있는 별천지나 평화롭고 조용한 이상향을 이르는 말이다.

◎ 유래

晉나라 때 武陵에 사는 한 어부가 배를 타고 시냇물을 따라 올라가던 중 문득 양쪽 언덕이 온통 복숭아 숲으로 덮여 있는 곳에 이르렀다. 복숭아 숲은 끝없이 이어져 어부가 계속 노를 저어 마침내 시냇물의 발원지까지 당도하자 숲도 함께 끝이 났다. 앞은 산으로 가로막혔는데 산밑으로 조그만 바위굴이 하나 있었고 그 속에서 빛이 새어 나오고 있었다. 어부는 배를 버려 둔 채 동굴 안으로 들어가 보았다. 그러자 넓은 들이 나타났고 줄지어 서 있는 가옥과 잘 가꾸어진 논밭이 있었고, 남녀노소가 즐겁게 생활하고 있었다. 이곳 사람들은 어부를 환대하며 바깥 세상 이야기를 물었다. 그들은 옛날 秦나라의 학정을 피해 이곳으로 도망 온 사람들의 후예로 외부 세계와 단절된 생활을 하고 있었다. 어부는 이곳에서 며칠을 머물다 다시 집으로 돌아오면서 시냇가 곳곳에 표시를 해 두었다. 돌아오자마자 태수에게 이 사실을 보고하였다. 태수는 즉시 사람을 시켜 어부가 말한 곳을 찾아보게 하였으나 끝내 찾지 못하였다.

山寺夜吟 鄭澈

蕭蕭落木聲을	우수수 떨어지는 낙엽 소리를
錯認爲疏雨하여	성긴 빗소리로 잘못 알고서
呼僧出門看 하니	스님 불러 문 밖에 나가 보랬더니
月掛溪南樹라	시냇가 남쪽 가지에 달이 걸렸다네

◎ 字句 풀이

蕭蕭(소소) : 나뭇잎이 떨어지는 소리 | 落木(낙목) : 낙엽 | 錯認(착인) : 잘못 ~으로 알다 | 爲(위) : '~이다' 정도의 뜻 | 疏雨(소우) : 성근 비. 즉 빗방울이 가끔 후두둑 떨어지는 비 | 掛(괘) : 걸다

鄭澈(정철, 1536~1593) 字 는 季涵(계함), 號 는 松江(송강). 조선 중기의 문신. 歌辭문학의 大家로「關東別曲」을 비롯해서「思美人曲」「星山別曲」등 많은 작품을 남겼다.

낙엽 지는 소리가 쓸쓸하게 느껴지는 가을이다. 가을 바람에 낙엽이 지는 소리는 빗방울이 떨어지는 소리와 비슷해서 가끔 착각을 일으킬 때가 있다. 지은이는 이런 경험을 시로 읊은 것이다. 낙엽 지는 소리를 후두둑 빗방울이 떨어지는 소리로 잘못 안 지은이는 동자승에게 나가 보라 한다. 그러나 동자승의 대답이 재치 있게 표현되어 있다. 비가 오지 않는다고 직설적으로 대답하지 않고 달이 나뭇가지에 걸려 있다고 우회적으로 대답한 것이다.

黃庭堅 藥方

漢字의 理解

角

'角'은 '동물의 뿔을 본떠 만든 글자'로 '뿔'을 뜻한다. 뿔은 끝이 날카로워 '모나다' '모서리'라는 뜻과 공격과 방어 기능이 있어 '겨루다'라는 뜻이 파생되어 나왔다.

용례

角度　角膜　角木　角逐　角質
多角　頭角　死角　直角　視角
觸角　總角　角雪糖　對角線
矯角殺牛　互角之勢

人體와 관련된 漢字語

洞口 [洞(동) : 마을. 口(구) : 입]

窓口 [窓(창) : 창. 口(구) : 입]

洞口 [洞(하) : 상. 口(구) : 입]

銃口 [銃(총) : 총. 口(구) : 입]

非常口 [非(비) : 아니다. 常(상) : 보통. 口(구) : 입]

突破口 [突(돌) : 부딪치다. 破(파) : 부수다. 口(구) : 입]

排水口 [排(배) : 밀치다. 出(출) : 내보내다. 口(구) : 입]

格言 · 名句 및 俗談

不患人之不己知요 患不知人也라　　　　　　　　－ 論語

남들이 자기를 알아주지 않는 것을 걱정하지 말고 (자기가) 남을 알지 못함

을 근심할 것이니라.

隨友適江南이라

'친구 따라 강남 간다'로 '남에게 끌려서 덩달아 같이 행동함'을 이르는 말.

邯鄲之步
子獨不聞夫壽陵餘子之學行於邯鄲與아
未得國能하고 又失其故行矣하여 直匍匐而歸耳러라.
— 莊子

당신만 유독 저 수릉의 젊은이가 한단에서 걸음걸이를 배웠던 일을 듣지
못했는가. (그) 나라에서 잘 하는 것도 얻지 못했고 또 그 예전의 걸음걸이
도 잃어버리고서 단지 기어서 돌아왔을 뿐이었다네.

字句 풀이

子(자) : 아들. 열매. 당신. '子'는 이인칭 대명사로 쓰임. | 夫(부) : 지아비. 대저. 저 |
壽陵(수릉) : 연(燕)나라의 고을 이름 | 餘子(여자) : 젊은이 | 之(지) : 주격(은, 는, 이, 가)
으로 쓰임 | 學行(학행) : 걸음걸이를 배우다. '行'은 '步'[걸음]의 뜻 | 於(어) : '~에'로
장소를 나타냄 | 邯鄲(한단) : 조(趙)나라의 서울. 한단에 멋있게 걷는 사람이 많아서 그
것을 배우러 오는 사람이 많았다고 한다 | 未得(미득) : 얻지 못하다 | 國能(국능) : 그
나라에서 잘하는(잘 걷는) 것 | 故行(고행) : 예전의(자기 나라에서 원래 걷던) 걸음걸이 |
直(직) : 곧다. 다만 | 匍匐(포복) : 엉금엉금 기어가다 | 耳(이) : 귀. ~뿐(따름)이다

文法 研究

· 子獨不聞~與(자독불문~여) : 상투적으로 쓰는 구문인데, '당신(그대)만 유독 ~을 듣지 못했는가'로 상대방이 알고 있는 사실을 한 번 더 환기시키는 수법으로 쓰인다. '君不見~(그대는 보지 못했는가~), 君不聞~(그대는 듣지 못했는가~)' 등으로도 쓰인다. '與'는 의문사이다.

· 直~耳(직~이) : '단지 ~ 일 뿐이다' '耳'는 어떠한 상황을 한정할 때 쓰이는 한정 조사로 '而已'와 그 용법이 같다. '~뿐이다. ~따름이다'의 뜻.

> 예) 直不百步耳 是亦走也 : 단지 백보가 아닐 뿐이지 이 역시 달아난 것이다.

莊子 : 중국 전국 시대의 사상가인 장자(본명은 莊周)가 지었다고 함. 禮敎를 비판하고 無爲를 주장한 대표적인 道家의 책이다.

우리가 사용하는 말 중에 마치 순 우리말인 듯 자연스럽게 쓰여 오히려 漢字로 쓰는 것이 어색한 漢字語들이 있다.

하필(何必)   물론(勿論)   무려(無慮)   지금(只今)   단지(但只)

도저(到底)히   졸지(猝地)에   기어(期於)이   기필(期必)코

심지어(甚至於)   별안간(瞥眼間)   도대체(都大體)

급기야(及其也)   부득이(不得已)   부득불(不得不)

어차피(於此彼)   어중간(於中間)   어언간(於焉間)

대관절(大關節)   거지반(居之半)   여하간(如何間)

西施矉目 서시빈목

◎ 字句 풀이

西(서) : 서 ┃ 施(시) : 베풀다 ┃ 矉(빈) : 찡그리다 ┃ 目(목) : 눈

◎ 뜻풀이

'미녀 西施가 가슴앓이를 하여 자주 눈살을 찌푸렸는데 어떤 추녀가 이를 흉내내다가 더욱 추하게 되었다'는 뜻으로 '무분별하게 남을 흉내냄'을 말한다. '效矉(효빈)'이라고 도 한다.

◎ 유래

西施는 越王 勾踐(구천)이 吳王 夫差(부차)에게 바친 미인 중에서도 가장 아름다운 여인으로 유명하다. 그녀는 가슴앓이를 심하게 해 자주 눈살을 찌푸렸다. 그러나 절세의 미인이었기에 그러한 모습까지도 아름답게 보였다. 그런데 마을에 매우 추한 여인이 살고 있었는데 西施가 눈살을 찌푸리는 모습을 아름답게 여겨 자신도 그 모습을 흉내 내어 가슴을 쓸어내리며 눈살을 찌푸리고 다녔다. 그러나 마을 사람들은 그 추녀의 모습을 견딜 수가 없었다. 그리하여 부유한 사람들은 문을 닫아 걸고 집 밖으로 나오지 않았고 가난한 사람들은 처자식을 이끌고 도망을 쳤다고 한다.

毛遂自薦 모수자천

◎ 字句 풀이

毛(모) : 터럭 | 遂(수) : 이루다 | 自(자) : 스스로 | 薦(천) : 천거하다

◎ 뜻풀이

'毛遂'라는 사람이 스스로 자신을 천거했다'는 뜻으로 '자기가 자신을 추천함'을 이르는 말이다.

◎ 유래

秦나라가 趙나라를 포위하자 趙나라는 平原君을 楚나라로 파견하여 구원병을 요청하기로 하였다. 平原君은 함께 갈 수행원 스무 명을 食客 중에서 선발하였는데 열아홉 명은 뽑았으나 나머지 한 명은 적격자가 없었다. 이때 毛遂라는 사람이 나서서 자기 자신을 천거하는 것이었다. 그러자 平原君이 물었다.

"그대가 나의 문하에 있은 지 얼마나 되었소?"

"3년쯤 되었습니다"

"무릇 현명한 선비가 세상에 있으면 송곳이 주머니 속에 있는 것처럼 그 끝이 즉시 나타나게 마련이오. 지금 선생은 나의 문하에 있은 지가 3년이나 되었지만 내 좌우의 사람들이 선생에 대해 말한 적이 없으며 나 역시 선생에 대해서 들은 바가 없소"라 하자 毛遂는 "저를 주머니 속에 들어갈 수 있게 해주신다면 그 송곳 끝뿐만이 아니라 송곳의 자루까지 튀어나올 것입니다" 라고 대답하였다.

이렇게 해서 毛遂는 平原君을 따라 楚나라로 갔다. 그리고 자신이 장담했던 바와 같이 맹활약을 하여 구원병을 얻어내는 데 성공하였다.

靜夜思   李白

牀前看月光 하니   침상 앞 비추인 밝은 달빛을 보니
疑是地上霜 이라   서리가 내렸는가 의심하였네
擧頭望山月 하고   머리 들어 산에 걸린 달을 보고
低頭思故鄕 이라   머리 숙여 고향을 생각하노라

◎ 字句 풀이

牀(상) : 침상 │ 疑是(의시) : '이것이 ~인가 의심하다' 즉, 갸우뚱거리며 생각하는 모양
│ 低(저) : 숙이다. 낮다

李白(이백, 706~762) : 字는 太白(태백). 우리에게 '李太白'으로 많이 알려
진 인물. 盛唐 때의 시인으로 杜甫와 함께 詩宗으로 추앙을 받았다.

이 시는 人口(인구)에 膾炙(회자)되는 유명한 시이다. 지은이는 단지 20자로 고
향을 그리워하는 나그네의 심정을 잘 묘사하였다. 한밤에 잠을 이루지 못하고
있는데, 침상에 밝게 비친 달빛이 너무도 환해 마치 서리가 내린 줄 알았다. 고

개를 들어 달을 보면서, 저 달도 고향에 떠 있겠지, 그리고 식구들도 저 달을 보면서 나를 보고 싶어 할 것이라는 생각이 들자 더 이상 달을 쳐다보지 못하고 그만 고개를 떨구고 만다. 달빛을 서리에 비유한 표현도 뛰어나지만 고개를 들어 달을 보다가 다시 고개를 떨구고 고향을 생각하는 동작만으로도 지은이의 심정이 절실하게 와 닿는다.

鄭夔 道情帖

漢字의 理解

猛

'猛'은 '힘세고 날랜 개'를 뜻하였는데, 여기서 '사납다' '용감하다' 는 뜻이 파생되었다. 명사 앞에 쓰이면 '맹렬함' '몹시 세참'을 뜻한다.

용례

猛犬　猛攻　猛禽　猛毒　猛烈
猛獸　猛威　猛將　猛打　猛爆
猛省　猛虎　勇猛
猛攻擊　猛活動　猛活躍　猛訓練

人體와 관련된 漢字語

目禮 [目(목) : 눈. 禮(례) : 예절]

目下 [目(목) : 눈. 下(하) : 아래]

目測 [目(목) : 눈. 測(측) : 재다]

目前 [目(목) : 눈. 前(전) : 앞]

目擊 [目(목) : 눈. 擊(격) : 마주치다]

目擊談 [目(목) : 눈. 擊(격) : 마주치다. 談(담) : 이야기]]

眞面目 [眞(진) : 참. 面(면) : 얼굴. 目(목) : 눈]

盲目的 [盲(맹) : 눈이 멀다. 目(목) : 눈. 的(적) : 접미사]

格言 · 名句 및 俗談

破山中賊은 易나 破心中賊은 難이라 　　　　　　－陽明全書

산속 도적은 쳐부수기 쉽지만, 마음 속 도적은 쳐부수기 어렵다.

水深可和나 人心難知라

'물의 깊이는 알 수 있으나, 사람 마음은 알기 어렵다' 즉 '열길 물 속은 알
아도 한길 사람 속은 모른다'로 '사람의 속마음은 짐작하기 어렵다'는 말.

跳索戲

舊俗에 兒童이 以索으로 執其兩端하고 且越且跳하여

乃至千餘度라 趙重峯先生이 使兒童으로 作此戲하여

健脚力하고 消脚氣云이러라 ──海東竹枝

옛 풍속에 어린이들이 (새끼)줄로 그 양쪽 끝을 잡고, 넘으면서 뛰어 이에
천여 번에 이르렀다. 중봉 조헌선생이 아이들에게 이 놀이를 하게 하여 다
리 힘을 튼튼하게 하고 각기병이 없어지게 하였다고 한다.

字句 풀이

舊(구) : 옛 | 俗(속) : 풍습. 속되다 | 索(색, 삭) : 찾다(색) 索出. 줄(삭) 索道 | 執(집) : 잡
다 | 端(단) : 바르다. 끝 | 越(월) : 넘다 | 跳(도) : 뛰다 | 乃(내) : 이에 | 餘(여) : 나머
지. 여(그 이상) | 度(도) : 법도. 번. 국량 | 趙重峯 : 조헌(趙憲, 1544~1592). 중봉은 그
의 호이다. 임진왜란 때 의병을 일으켜 싸우다 전사함 | 作(작) : 짓다. 행하다. 일으키
다 | 戲(희) : 놀다. 놀이 | 健(건) : 굳세다. 튼튼하다 | 脚(각) : 다리 | 消(소) : 사라지다
(消滅) | 脚氣(각기) : 다리가 마비되어 저리고 부어 걷기가 곤란한 병 | 云(운) : 남의 말
을 간접적으로 전할 때 많이 쓴다. '~라고 이른다, ~라고 하더라'의 뜻

文法 研究

· 以(이) : 여기서 '以'는, '~로 ~을' 정도의 뜻이다.

　　⑩ 以兒置于林下 : 아이를 숲 아래에 두다.

· 且(차)~且~ : '한편으로는 ~하고 한편으로는 ~하다', '~하면서 ~하다'로 어떤 두

　가지 동작이 같이 진행될 때 쓰인다.

　　⑩ 且怒且喜 : 화가 나기도 하고 기쁘기도 하다.

　　　 且馳且射 : 말을 달리면서 활을 쏘다.

· 使(사) : 사역동사로 '令', '遣', '敎' 등과 쓰임이 같다. '~하여금(에게) ~하게 하다'로 풀

　이된다.

　　⑩ 使人視之 : 사람들로 하여금(사람들에게) 보게 하다.

海東竹枝 : 조선 말기 문신인 최영년(崔永年, 1856~1935)의 시집. 조선
시대의 기문이사(奇聞異事)와 명절 및 풍속을 소재로 쓴 시를 엮은 책.

해설

우리나라에서 '연(鳶)'을 언제부터 날리기 시작했는지 자세히 알 수는 없으나,
문헌에 처음 보이는 것은 『三國史記』「김유신 열전」이다.

신라 선덕여왕(善德女王) 때 몇몇 귀족들이 '임금이 여자라서 정사를 잘 못한다'
는 명분을 걸고 반란을 일으켰다. 그때 여왕이 있던 성에 큰 별이 떨어져 군사
들의 사기는 말할 수 없을 정도로 떨어졌다. 이를 걱정한 김유신은 꾀를 내어
그 날 밤 연에 허수아비를 싣고 불을 붙여 하늘로 띄워보내면서, '어젯밤 떨어졌
던 별이 다시 하늘로 올라갔다'고 소문을 내 동요하는 군사들을 안심시킨 뒤 반
란군을 모두 진압했다고 한다.

梁上君子 양상군자

◎ 字句 풀이

梁(양) : 들보 │ 上(상) : 위 │ 君(군) : 임금 │ 子(자) : 아들

◎ 뜻풀이

'들보 위의 군자'라는 뜻으로 '도둑'을 일컫는 말이다.

◎ 유래

後漢 때 陳寔(진식)이라는 사람은 학식이 풍부하고 성격이 온화하며 청렴결백하여 모든 사람들로부터 존경을 받았다. 陳寔이 太丘縣을 다스리고 있을 때의 일이다. 그는 어질고 청렴한 정치를 하여 사람들은 안락한 생활을 할 수 있었다. 그러던 어떤 해 흉년이 들어 많은 사람들이 고통을 겪게 되었다. 어느 날 밤 도둑이 방으로 들어와 천장 들보 위에 가만히 웅크리고 앉아 기회를 엿보는 것이 아닌가. 陳寔은 아들과 손자를 불러 놓고 정색을 하면서 훈계하였다.

"무릇 사람은 스스로 근면하지 않으면 안 된다. 나쁜 사람이라고 모두 그 본성이 나쁜 것은 아니다. 버릇이 어느새 습성이 되어 버려 악을 저지르게 되는 것이다. 저 들보 위의 군자가 바로 그렇도다"

도둑은 이 말을 듣고 깜짝 놀라 들보에서 뛰어내려 머리를 조아리며 진심으로 사죄하였다. 陳寔은 그를 보고 타일렀다.

"자네의 얼굴을 보니 악한 일을 할 사람처럼 보이지는 않는구나. 모두 가난 때문이겠지" 라 하며 비단을 주어 돌려보냈다.

이 일이 있은 뒤 고을에는 남의 물건을 훔치는 일이 없었다고 한다.

塞翁之馬 새 옹 지 마

◎ 字句 풀이

塞(새) : 변방 │ 翁(옹) : 늙은이 │ 之(지) : ~의 │ 馬(마) : 말

◎ 뜻풀이

인간의 길흉화복은 변화가 많아 예측하기 어렵다는 말.

◎ 유래

변방 마을에 술법을 잘 하는 노인이 있었다. 하루는 노인이 기르던 말이 이유 없이 오 랑캐 땅으로 넘어가 버렸다. 마을 사람들이 위로하자 노인은 "이것이 뜻밖에 복이 될 수도 있다"고 하였다. 몇 달 뒤 그 말은 오랑캐 땅의 좋은 말들을 몰고 집으로 돌아왔 다. 마을 사람들이 축하하자 노인은 "이것이 뜻밖에 화가 될 수도 있다"고 하였다. 그 노인의 아들이 말타기를 좋아하여 오랑캐 땅에서 온 말을 타다가 떨어져 다리가 부러 졌다. 마을 사람들이 위로하자 노인은 "이것이 뜻밖에 복이 될 수도 있다"고 하였다.

과연 일년 뒤에 오랑캐가 쳐들 어오자 변방의 젊은이들은 십 중팔구 죽었지만 이 노인의 아 들만은 불구였기 때문에 죽음 을 면할 수 있게 되었다. 그러 므로 복이 화가 되고 화가 복 으로 되는 것은 그 변화를 예 측하기 어렵다.

秋夜雨中　崔致遠

秋風惟苦吟하니　　가을 바람에 오직 괴롭게 읊조리니

舉世少知音이라　　온 세상에 나를 알아 주는 이 적구나

窓外三更雨에　　　창 밖에는 밤비 내리는데

燈前萬里心이라　　등불 앞에서 고향을 그리는 마음

◎ 字句 풀이

惟(유) : 오직 │ 苦吟(고음) : 괴롭게 읊다. 괴로운 심사를 읊다 │ 舉世(거세) : 온 세상 │
知音(지음) : 자기의 마음을 알아주는 사람. 鍾子期(종자기)와 伯牙(백아)의 고사에서
온 말 │ 三更(삼경) : 밤 11시~새벽 1시 사이, '한밤중' │ 萬里心(만리심) : 아득하게 먼
곳으로 향하는 마음, 즉 고향을 그리워하는 마음

崔致遠(최치원, 857~?) : 신라 말 학자이며 문장가. 일찍이 唐나라에 유
학하여 文名을 떨침.

이 시는 최치원이 당나라에 있을 때 고향을 그리워하며 지은 시로 알려져 있다.
가을밤 등불 아래 앉아 괴로운 심사를 읊조리니, 세상에 참으로 나의 마음을 알아 주는 이가 없어 고독하기만 하다. 한밤중이 되어 창 밖에는 속절없이 비가 내리니 만리 밖 고향으로 치닫는 그리운 마음이 더욱 간절하기만 하다. 특히, 가을 바람[秋風], 한밤중에 내리는 비[三更雨]등 시어를 통해 지은이의 외로운 심정을 더욱 쓸쓸하게 드러내고 있다.

指

王羲之 樂毅論

漢字의 理解

指

'指'는 원래 '손가락'을 뜻하는 글자이다. 여기서 '손가락으로 할 수 있는 행동'을 나타내는 '가리키다' '지적하다'는 뜻이 파생되었다.

용례

食指　中指　無名指　藥指　屈指

指紋　指章　指示　指摘　指數

指定　指針　指稱　指彈　指標

指向　指名　指導　指揮

指南鐵　指鹿爲馬

人體와 관련된 漢字語

眼目 [眼(안) : 눈. 目(목) : 눈]

注目 [注(주) : 뜻을 두다. 目(목) : 눈]

指目 [指(지) : 가리키다. 目(목) : 눈]

一目瞭然 [一(일) : 하나. 目(목) : 눈. 瞭(료) : 밝다. 然(연) : 그러하다]

目不忍見 [目(목) : 눈. 不(불) : 아니다. 忍(인) : 차마. 見(견) : 보다]

目不識丁 [目(목) : 눈. 不(불) : 아니다. 識(식) : 알다. 丁(정) : 넷째 천간]

刮目相待 [刮(괄) : 비비다. 目(목) : 눈. 相(상) : 서로. 待(대) : 대하다]

格言 · 名句 및 俗談

言悖而出者는 亦悖而入하고 貨悖而入者는 亦悖而出이니라

－**大學**

말이 (순리에) 어긋나게 나간 것은 또한 어긋나게 들어오고, 재물이 어긋나게 들어온 것은 또한 어긋나게 나가게 된다.

難上之木은 勿仰하라

'오르지 못할 나무 쳐다보지도 마라'로 '가능성이 없는 일은 처음부터 바라지 마라'는 뜻이다.

郭再祐

郭再祐는 年四十餘토록 布衣窮居러니

壬辰之亂에 起兵討敵할새 常着紅衣하니

敵號曰紅衣天降將軍이라 하다

― 海東異蹟

곽재우는 나이 마흔 남짓토록 벼슬을 하지 않고 곤궁하게 살고 있었는데, 임진년의 난리에 군사(의병)를 일으켜 적(왜적)을 칠 때에 늘 붉은 옷을 입으니 적들이 '붉은 옷을 입은 하늘에서 내려온 장군'이라고 불렀다.

字句 풀이

郭再祐(곽재우, 1552~1617) : 조선 선조(宣祖) 때의 의병장. ｜年(년) : 나이. 해 ｜餘(여) : 나머지. 여(그 이상). '남짓'의 뜻 ｜布衣(포의) : 베 즉, 베옷은 벼슬을 하지 않는 사람이 입었으므로 '벼슬하지 않은 사람'의 뜻 ｜窮(궁) : 궁구하다. 궁하다. '窮居'는 '궁하게 살다'로 살림살이가 매우 어려운 것을 뜻함 ｜壬辰之亂(임진지란) : 임진(1592)년의 난리. 즉, 임진왜란 ｜起(기) : 일어나다. 일으키다 ｜討(토) : 치다. 찾다 ｜敵(적) : 원수. 적. '왜적(倭敵)'을 뜻함 ｜着(착) : 입다. 다다르다. '著'자가 정자(正字)인데, 일반적으로 속자(俗字)인 '着'으로 많이 쓴다 ｜降(강, 항) : 내려오다(강). 항복하다(항)

海東異蹟: 홍만종(洪萬宗)이 편찬한 책으로 단군에서부터 곽재우에 이르기까지 38명의 행적을 다루고 있다.

15세 : 志學(지학) 十有五而志于學 (열 다섯에 학문에 뜻을 두었다)

20세 : 弱冠(약관) 二十日弱冠 (스물을 약관이라 한다)

30세 : 而立(이립) 三十而立 (서른에 자립—흔들림이 없는 것—하였다)

40세 : 不惑(불혹) 四十而不惑 (마흔에—모든 사리 판단을—의혹하지 않았다)

50세 : 知命(지명) 五十而知天命 (쉰에 천명을 알았다)

60세 : 耳順(이순) 六十而耳順 (들으면 마음이 통하여 거스름이 없었다)

61세 : 還甲(환갑) 태어난 해의 甲이 다시 돌아옴(還). 回甲(회갑), 華甲(화갑)

62세 : 進甲(진갑) 환갑보다 한 해 더 나아간(進) 나이라는 뜻.

70세 : 古稀(고희) 人生七十古來稀(인생 칠십은 예로부터 드물었다)

77세 : 喜壽(희수) '喜'는 초서로 '㐂'이기 때문에.

81세 : 望九(망구) 아흔(九十)을 바라보는(望) 나이

88세 : 米壽(미수) '米'를 위 아래로 나누면 '八十八'이

90세 : 卒水(졸수) '卒'은 속자로 '卆'이기 때문

99세 : 白壽(백수) '百'에서 '一'을 빼면 99가 되므로

緣木求魚 연목구어

◎ 字句 풀이

緣(연) : 인연 | 木(목) : 나무 | 求(구) : 찾다 | 魚(어) : 고기

◎ 뜻풀이

'나무에 올라가서 물고기를 잡으려 한다'는 말로 '도저히 불가능한 일'이나 '그릇된 수단이나 방법으로 목적을 이루려 함'을 뜻한다.

◎ 유래

孟子가 齊나라로 갔을 때의 일이다. 齊 宣王은 부국강병책으로 패자가 되기를 꿈꾸고 있었다. 그리하여 孟子에게 春秋時代의 패자였던 齊 桓公과 晉 文公에 대하여 질문하였다. 孟子는 달가워하지 않으며 대답하였다.

"왕은 전쟁을 일으켜 군사와 신하들을 위태롭게 하고 제후에게 원한을 산 뒤에야 유쾌하겠습니까?"

"아니오. 내 어찌 이를 유쾌히 여기겠소? 장차 내가 크게 하고자 하는 바를 구하기 위함이요"

"왕께서 크게 하시고자 하는 바를 들을 수 있겠습니까?"

왕이 웃으며 대답하지 않자, 孟子는 다시 말하였다. "왕께서 크게 하시고자 하는 일은 토지를 넓히고 秦나라와 楚나라에 조회를 받아 중국을 제패하여 사방의 오랑캐까지 복속시키려는 것이 아닙니까? 무력으로 왕이 원하는 것을 얻으려는 것은 마치 나무에 올라가서 물고기를 구하려는 것과 같습니다" 왕이 물었다. "그처럼 심합니까?" "이보

다도 더 심하니 나무에 올라가 물고기를 구함은 비록 고기를 얻지 못하더라도 재앙은
없거니와 무력으로 원하는 바를 얻고자 한다면 힘을 다하여 하더라도 반드시 뒤탈이
있을 것입니다"

守株待兎 수주대토

◎ 字句 풀이

守(수) : 지키다 | 株(주) : 그루터기 | 待(대) : 기다리다 | 兎(토) : 토끼

◎ 뜻풀이

'토끼가 부딪쳐 죽은 그루터기를 지키며 다시 토끼가 오기를 기다린다'는 뜻으로 '구습
에 젖어 시대의 변천을 모르거나 융통성 없이 어리석게 고집하는 것'을 일컫는다.

韓非子는 堯舜을 이상으로 하는 儒家의 왕도정치를 시대에 뒤떨어진 것이라고 주장하였다. 그래서 다음과 같은 말을 하였다.

"지금 나무를 얽어서 집을 짓거나 나무를 마찰시켜 불을 얻는 따위의 짓을 한다면 반드시 세상 사람들의 웃음거리가 될 것이다. 또한 堯·舜·湯王·武王·禹王의 도를 지금 세상에서 합당한 것이라고 찬양하는 사람이 있다면 반드시 새로운 성인의 웃음거리가 될 것이다. 그러므로 성인은 옛것을 따르는 것을 바라지 않으며 항상 통용되는 것을 법도로 삼지 않으며 세상의 일을 논해서 그로 인하여 적합한 제도를 만든다.

宋나라의 어떤 사람이 밭을 갈고 있었다. 밭 가운데 나무 그루터기가 있었는데 토끼가 달려가다가 그루터기에 목이 부딪쳐서 죽었다. 그러자 그는 쟁기를 버리고 그 그루터기를 지키면서 다시 토끼 얻기를 기다렸으나 토끼를 다시는 얻지 못하였을 뿐 아니라 宋나라 사람들의 웃음거리가 되었다. 그러므로 지금 선왕이 정치하던 방법을 가지고 당세의 백성들을 다스리고자 하는 것은 모두 그루터기를 지키는 부류와 같다고 하겠다"

漢詩 鑑賞

臨死賦絕命詩 成三問

擊鼓催人命하니	북소리가 사람의 목숨을 재촉하니
西風日欲斜라	서풍에 해가 지려 하는구나
黃天無客店하니	황천길엔 여인숙도 없을텐데
今夜宿誰家오	오늘밤엔 누구 집에서 묵을까

◎ 字句 풀이

臨死賦絕命詩(임사부절명시) : 성삼문이 형장에서 죽기 전에 지은 시 │ 臨死(임사) : 죽음에 임하다 │ 賦(부) : 짓다 │ 擊鼓(격고) : 북을 치다. 즉, 사형을 집행할 때에 신호로 치는 북소리 │ 催(최) : 재촉하다 │ 西風(서풍) : 서쪽 바람 │ 斜(사) : 기울다. 지다 │ 黃天(황천) : 저승 │ 客店(객점) : 나그네들이 묵는 집

成三問(성삼문, 1418~1456) : 字는 謹甫(근보). 號는 梅竹軒(매죽헌). 집현전 학사로 死六臣 중의 한 사람.

성삼문은 단종을 복위시키려는 모의가 발각되어 그는 물론 온 가족이 몰살을 당했다. 이 시는 그가 형장에서 죽기 전에 지은 것으로 전해지는데, 죽음을 목

전에 둔 한 인간으로서의 고뇌가 진솔하게 표현되었다. 서산으로 지는 해에 자신의 운명을 비유적으로 표현한 것도 그러려니와 특히 둥둥 울리는 북소리와 스산하게 불어오는 저물녘 서쪽 바람이 분위기를 더욱 비장하게 만들고 있다.

超然者物外若其□高□□□□□江海□□□余□□□□□

也闻江湖所乐也亦

先生之所知不□

先生之先君為鞔也南望不覺為之悵然況世

問新事歲梁雨雪月不同笑近聞若丞序庙幸

今官閒欲寫匈隱匹馬法子果浮如郡川寧

當作一夜顏也歲受新米之

惠敢不銘感傈□肯月忠庙侯將三十日笑比來

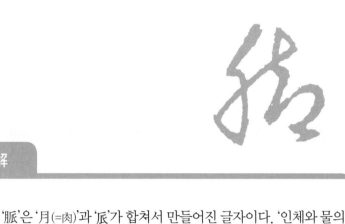

第23講

王羲之 興福寺斷碑

漢字의 理解

脈

'脈'은 '月(=肉)'과 '辰'가 합쳐서 만들어진 글자이다. '인체와 물의 여러 흐름과 갈래'가 합쳐져 '몸 안에 물이 흘러 다니는 것 같은 어떤 흐름' 즉 '혈맥' '맥박'이란 뜻이 되었다. 우리 말에 '脈을 못 춘다' '脈이 풀리다' '脈이 빠지다'도 이러한 뜻이다.

脈搏　動脈　靜脈　血脈　診脈
鑛脈　水脈　山脈　人脈　亂脈
脈絡　文脈　命脈　脈動
氣盡脈盡　一脈相通

209

人體와 관련된 漢字語

頭角 [頭(두) : 머리. 角(각) : 뿔]

頭緒 [頭(두) : 머리. 緒(서) : 차]

無顔 [無(무) : 없다. 顔(안) : 얼굴]

紅顔 [紅(홍) : 붉다. 顔(안) : 얼굴]

破顔大笑 [破(파) : 깨트리다. 顔(안) : 얼굴. 大(대) : 크다. 笑(소) : 웃다]

厚顔無恥 [厚(후) : 두껍다. 顔(안) : 얼굴. 無(무) : 없다. 恥(치) : 부끄럽다]

格言 · 名句 및 俗談

道吾善者는 是吾賊이오, 道吾惡者는 是吾師라 – 明心寶鑑

나의 善(좋은 점)을 말해주는 사람은 바로 나의 도둑이요, 나의 惡(나쁜

점)을 말해주는 사람은 바로 나의 스승이다.

不入虎穴이면 不得虎子라

'호랑이 굴에 들어가야 호랑이를 잡는다'로 '일을 이루려면 과감하게 실행

에 옮겨야 한다'는 말이다.

矛盾

楚人에 有鬻盾與矛者러니 譽之曰 吾盾之堅은
莫能陷也라 하고 又譽其矛曰 吾矛之利는 於物에
無不陷也라 하니 或이 曰 以子之矛로 陷子之盾이면
何如오 하니 其人이 弗能應也러라   — 韓非子

초나라 사람 중에 방패와 창을 파는 사람이 있었는데 자랑하여 말하기를
"내 방패의 견고함은 (어느 것으로도) 뚫을 수 없다" 하고, 또 그 창을 자랑
하며 말하기를 "내 창의 날카로움은 (어떤) 물건에 대해서도 뚫지 못하는
것이 없다"고 하였다. 어떤 사람이 말하기를 "당신의 창으로 당신의 방패
를 뚫으면 어떻게 되겠습니까?" 하니 그 사람이 대답을 할 수 없었다.

字句 풀이

楚(초) : 중국 전국 시대의 나라 이름 | 鬻(육) : 팔다 | 矛(모) : 창 | 盾(순) : 방패 | 與
(여) : 더불어, 및(~와, ~과), 주다 | 譽(예) : 명예, 기리다(칭찬) | 陷(함) : 빠지다. 여기
서는 '破(부수다)'의 뜻으로 쓰였는데 의미상 '뚫다'로 해석 | 利(리) : 날카롭다, 이롭다
| 或(혹) : 어떤 사람(或者), 혹(或是) | 子(자) : 이인칭으로 '그대, 당신'의 뜻 | 應(응) :
응당, 응답하다

文法 研究

· 莫能(막능)~ : '할 수 없다'로 '莫'은 '~없다, ~아니다'는 뜻의 부정사.

· 無不(무불) : '~하지 못함이 없다' '~하지 아니함이 없다'는 뜻의 이중 부정.

· 以子之矛(이자지모) : '以'는 '~로(써)'이며 '당신의 창으로(써)'라는 뜻

· 何如(하여) : 어떤 상황을 물을 때 쓴다. 즉, '어떠한가', '어떻겠는가'

韓非子 : 중국 전국 시대의 사상가인 한비(韓非, ?~B.C.233)의 저서.

해설

· '산통(算筒)을 깨다'는 '어떤 일이 이루지 못하게 뒤틀다'는 뜻으로 쓰인다. '산통'은 다름아니라 점을 칠 때 쓰는 산 가지를 넣어두는 통이다. 이 통이 깨지면 점을 칠 수 없게 되듯이 일도 역시 그렇게 된다는 것이다.

· '이판사판(理判事判)'은 '막다른 데 이르러 더는 어찌할 수 없게 된 상황'을 이르는 말이다. '理判'이나 '事判' 모두 불교 용어다. '理判'은 속세를 떠나 도를 닦는데 정진하는 것을 가리키며, '事判'은 절의 재산을 관리하고 사무를 맡아 처리하는 것을 가리킨다. 이런 일을 하는 스님을 '理判僧'· '事判僧'이라 한다. 이 말의 語源에 대해서는 定說이 없이 다양한 견해가 있으나 보통 출가하여 스님이 되면 '理判'이나 '事判' 중에 어느 하나를 택할 수밖에 없는 상황이 된다는 뜻에서 나왔다고 한다.

· '북망산(北邙山) 가다'는 '죽다'는 뜻이다. '北邙山'은 中國 河南省 洛陽에 있는 산으로 이곳에는 제왕 · 귀족들의 무덤이 많이 있었기 때문에 '죽는다'는 것을 '북망산 간다'고 한다.

結草報恩 결초보은

◎ 字句 풀이

結(결) : 묶다 | 草(초) : 풀 | 報(보) : 갚다 | 恩(은) : 은혜

◎ 뜻풀이

죽어서까지도 은혜를 잊지 않고 갚는다.

◎ 유래

晉나라 魏顆(위과)는 武子의 아들이다. 武子에게 아끼던 첩이 있었는데 武子가 병이 들자 아들에게 자신이 죽은 후 첩을 다른 사람에게 시집 보내라고 유언을 했다. 그러나 병이 깊어지자 武子는 생각이 바뀌어 첩을 자신과 함께 묻어 달라고 했다. 武子가 죽자 아들은 먼저 하신 아버지의 유언이 정신이 맑을 때의 말씀이라 여겨 그녀를 개가하도록 했다.

그 뒤 魏顆는 秦나라 杜回(두회)와 전쟁을 하게 되었는데 한 노인이 길가의 풀을 묶어 매듭을 만들고 있었다. 전쟁 중에 杜回가 말을 타고 쫓아오다 여기에 걸려 넘어지자 魏顆는 그를 사로잡아 전쟁에서 이길 수 있었다. 후에

魏顆의 꿈속에 풀을 묶어 매듭을 만들던 노인이 나타나 "나는 당신이 개가시켜 준 여인의 아버지이다. 당신이 내 딸을 죽이지 않고 개가시켜 주었기 때문에 내가 당신의 은혜에 보답한 것이다"라고 했다.

刮目相待 괄목상대

◎ 字句 풀이

刮(괄) : 비비다 | 目(목) : 눈 | 相(상) : 서로 | 待(대) : 대하다

◎ 뜻풀이

'눈을 비비고 본다'는 뜻으로 '상대방의 학식이나 재주가 갑자기 발전한 것을 탄복'하여 이르는 말.

◎ 유래

三國時代 吳나라 呂蒙(여몽)이라는 장수는 어려서부터 매우 가난하여 제대로 공부를 하지 못한 까닭에 무식하였지만 큰 뜻을 품고 열심히 무술을 닦아 孫權 밑에서 큰 공을 세웠다. 어느 날 孫權이 呂蒙에게 공부를 하라고 권하였다. 이후 呂蒙은 공부에 전념하여 노학자들도 그의 높은 학식에 탄복할 정도였다.

하루는 대학자 盧肅(노숙)이 呂蒙을 찾아가 국정을 논하다가 그의 해박한 학식에 놀라며 "어허. 언제 이렇게 공부를 많이 하였는가? 학식이 이처럼 뛰어나니 예전 吳나라 구석에 있던 呂蒙이 아닐세" 하며 찬사를 보내자 呂蒙은 웃으며 "선비가 사흘 동안 헤어졌다 만나도 마땅히 눈을 비비고 다시 대해야 할 정도로 달라져 있어야 하지" 라고 하였다.

登鸛雀樓　王之渙

白日依山盡이요　해는 산에 기대어 지고
黃河入海流라　황하는 바다로 흘러 들어가네
欲窮千里目하여　천리를 다 바라보려고
更上一層樓라　다시 누각을 한층 더 오르네

◎ 字句 풀이

鸛雀樓(관작루) : 중국 山西省(산서성) 蒲縣(포현) 서남쪽에 있는 삼층 누각 ｜ 白日(백일) : 해 ｜ 依(의) : 의지하다. 기대다 ｜ 盡(진) : 다하다. 지다 ｜ 欲(욕) : ～하려고 하다 ｜ 窮(궁) : 끝까지 다하다 ｜ 千里目(천리목) : 천리의 눈, 즉 천리 밖까지 조망(眺望)함 ｜ 更(갱) : 다시 ｜ 上(상) : 위. 오르다

王之渙(왕지환, 695~?) : 중국 당나라 때의 시인. 변방의 일과 전쟁을 제재로 한 시를 많이 지었는데 현재 여섯 수만 전한다.

높은 언덕 위에 있는 관작루에 올라 사방을 보니 해는 어느덧 먼 산에 걸려 뉘엿뉘엿 지려하고 황하는 넘실넘실 바다로 흘러간다. 이에 만족하지 않고 광활하게 펼

처진 풍광을 더 보고 싶어 한층 더 높이 올라가 보는 것이다. 웅장한 대륙의 정경을 잘 묘사한 작품으로 意境이 대단히 크다 하겠다. 마지막 구인 '更上一層樓'는 '더욱 열심히 노력한다'는 뜻으로 지금도 많이 愛誦되는 구절이다.

王羲之 十七帖

漢字의 理解

極

'極'은 원래 집의 대들보를 뜻하던 글자이다. 대들보는 집에서 가장 높은 곳에 있으므로 '할(갈) 수 있는 데까지 다해서(가서) 더 이상 할(갈) 수 없다'는 의미로 '다하다' '지극하다' '매우' 등의 뜻 이 파생되어 나왔다.

용례

極惡　極口　極度　極甚　極限

極盡　極盛　極烈　極致　極右

極東　極貧　極秘　極樂　極讚

極端的　極少量　消極的　積極的

人體와 관련된 漢字語

肉眼 [肉(육) : 육체. 眼(안) : 눈]

碧眼 [碧(벽) : 푸르다. 眼(안) : 눈]

慧眼 [慧(혜) : 슬기롭다. 眼(안) : 눈]

血眼 [血(혈) : 피. 眼(안) : 눈]

白眼視 [白(백) : 희다. 眼(안) : 눈. 視(시) : 보다]

近視眼 [近(근) : 가깝다. 視(시) : 보다. 眼(안) : 눈]

眼下無人 [眼(안) : 눈. 下(하) : 아래. 無(무) : 없다. 人(인) : 사람]

格言 · 名句 및 俗談

君子는 求諸己요 小人은 求諸人이라 — 論語
군자는 (허물을) 자신에게서 찾고, 소인은 (허물을) 남에게서 찾는다.

他人之宴에 曰梨曰枾라
'남의 잔치에 배 놓아라 감 놓아라 한다'로 '쓸데없이 남의 일에 참견함'

王延之孝
王延이 事親色養하더니 夏則扇枕席하고 冬則以身溫被하며
隆冬盛寒에 體常無全衣나 而親極滋味하더라　　　—小學

왕연이 부모를 섬김에 (화순하고 즐거운) 얼굴빛으로 봉양을 하더니 여름에
는 베개와 자리를 부채질해 드리고, 겨울에는 몸으로 이불을 따뜻하게 해
드리며, 한겨울과 몹시 추울 때에 (자신은) 몸에 늘 온전한 옷이 없었으나
부모에게는 맛있는 음식을 극진하게 해 드렸다.

字句 풀이

王延(왕연) : 중국 진(晉)나라 때의 사람. │ 事(사) : 일. <u>섬기다</u> │ 色(색) : 빛. <u>얼굴빛</u>. 여
기서 '色'은 '和悅(온화하고 즐거운)한 안색'을 뜻함 │ 養(양) : 기르다. <u>봉양하다</u> │ 扇(선)
: 부채 │ 枕(침) : 베개 │ 席(석) : 자리 │ 溫(온) : <u>따뜻하다</u>. 익히다 │ 被(피) : <u>이불</u>. 겉.
입다 │ 隆(륭) : <u>성하다</u>. 높다. '隆冬'은 '한겨울'로 '嚴冬'과 같은 뜻임 │ 盛(성) : 담다. <u>성
하다</u>. '盛寒'은 '한창 심한 추위'임 │ 寒(한) : 차다. <u>추위</u> │ 體(체) : 몸 │ 全(전) : 온통. 온
<u>전하다</u> │ 極(극) : 극처. 다하다. <u>극진하다</u> │ 滋(자) : 불다. 더욱. <u>맛있다</u>. '滋味'는 '맛좋
은 음식'임

文法 研究

· 則(즉) : 여기서는 어기(語氣)를 강조하는 것으로, '~에 있어서는, ~에는' 정도의 뜻이다.

· 以身溫被(이신온피) : 여기서 '以'는 '~으로(써), ~을 가지고'로 수단이나 도구를 나타낸다.

　㉠ 以子之矛, 陷子之盾, 何如 : 당신의 창으로 당신의 방패를 뚫으면 어떻게 되겠습니까?

小學 : 중국 송나라 때 주희(朱熹)가 편찬한 초학자들의 교양서로 주로 어린 사람들이 마땅히 행해야 할 생활 규범과 도리에 관한 내용을 수록하였음.

'파자(破字)'란 漢字의 자획을 나누거나 합쳐서 맞추는 수수께끼를 말한다. 漢字 字形의 특수성으로 이러한 놀이가 만들어진 것이다.

· '左糸右糸中言下心'은 무슨 漢字일까? '왼쪽에 糸, 오른쪽에 糸, 가운데 言, 아래에 心' 즉 '戀(련)'이다.

· '皇頭帝足'은? '皇의 머리 부분, 帝의 다리 부분' 즉 '帛(백)'이다.

· '劉備哭, 劉邦笑'는 무슨 漢字일까? '유비는 울고, 유방은 웃는다'로 劉備는 친동생처럼 아끼던 '關羽가 죽자' 울었고, 劉邦은 천하통일의 최대 걸림돌이었던 '項羽가 죽자' 웃은 것이다. 두 경우의 공통점을 찾으면 '關羽·項羽'의 '羽'와 '죽다'의 '卒'이다. 즉 '羽'와 '卒' 두 자를 합한 '翠(취)'이다.

苟政猛於虎 가정맹어호

◎ 字句 풀이

苟(가) : 가혹하다 | 政(정) : 정사 | 猛(맹) : 사납다 | 於(어) : ~보다 | 虎(호) :호랑이

◎ 뜻풀이

'가혹한 정치는 호랑이의 피해보다도 심하다'는 뜻으로 '가렴주구의 폐해'를 이르는 말이다.

◎ 유래

하루는 孔子가 제자들과 함께 泰山 옆을 지나고 있었는데 어떤 부인이 무덤 가에서 슬피 울고 있었다. 孔子는 子路를 시켜 그 이유를 물어보게 하였다.

"무슨 일로 그렇게 슬피 울고 계십니까? 여러 번 슬픈 일을 당한 것 같군요"

부인은 울음을 그치고 대답하였다.

"예. 그렇습니다. 예전에 시아버님은 호랑이에게 물려 돌아가셨습니다. 그리고 얼마 전에는 남편이 호랑이에게 물려 죽었고 이번에는 아들마저 물려 죽고 말았답니다"

"그렇다면 왜 이곳을 떠나지 않습니까?" 그러자 부인은 "그래도 이곳에 살면 가혹한 세금에 시달릴 걱정은 안 해도 되기 때문이지요"라고 대답하였다.

이 말을 전해 들은 孔子는 느낀 바가 있어 제자들에게 말하였다. "명심해 두어라. 백성들은 호랑이보다 가혹한 정치를 더 무서워한다는 것을..."

騎虎之勢 기호지세

◎ 字句 풀이

騎(기) : 타다 | 虎(호) : 호랑이 | 之(지) : ~의 | 勢(세) : 형세

◎ 뜻풀이

'호랑이를 타고 달리는 형세'라는 뜻으로 '중도에서 그만둘 수 없는 상황'을 말한다.

◎ 유래

南北朝時代 北朝의 마지막 왕조인 北周의 宣帝가 죽자 재상 楊堅은 즉시 궁중으로 들어가 모든 정치를 총괄했다. 일찍이 오랑캐인 鮮卑族에게 빼앗긴 이 땅에 漢族의 천하를 세우겠다는 큰 뜻을 품고 때가 오기만을 기다리고 있던 참에 宣帝가 죽은 것이다.

楊堅이 궁중에서 北周의 천하를 빼앗으려 하고 있을 때 이미 남편의 계획을 알고 있는 아내로부터 전갈이 왔다.

"호랑이를 타고 달리는 형세이므로 중도에 내릴 수는 없습니다. 만약 도중에서 내리면 잡혀 먹히고 말 것입니다. 호랑이와 함께 끝까지 가지 않으면 안 됩니다. 반드시 목적을 달성하소서"

이에 용기를 얻은 楊堅은 宣帝의 뒤를 이어 스스로 왕위에 올라 국호를 隋라고 했다. 그로부터 8년 후 南朝의 마지막 왕조인 陳을 멸망시키고 마침내 천하를 통일했다. 이 사람이 隋文帝이다.

待郎君 凌雲

郎云月出來터니　우리 낭군 '달이 뜨면 오겠다' 하시더니
月出郎不來라　달이 떠도 우리 낭군 오시지 않네
想應君在處에　생각건대 응당 우리 낭군 계신 곳엔
山高月上遲리라　산이 높아 달이 더디 떠서겠지

◎ 字句 풀이

待(대) : 기다리다 │ 郎(랑) : 사나이. 낭군 │ 云(운) : 이르다. 말하다 │ 想(상) : 생각하다

│ 應(응) : 마땅히. 응당 │ 在處(재처) : 있는(계신) 곳 │ 上(상) : 위. 떠오르다 │ 遲(지) :

다. 더디다

凌雲(능운) : 조선 후기의 기생. 행적은 자세하지 않다.

이 시는 사랑하는 님을 그리워하는 한 여인의 심정이 잘 표현된 작품이다. 이제
나 저제나 님이 오기만을 기다리지만 님은 약속한 날에도 오지 않는다. 그럼에
도 이 여인은 '님이 계신 곳에는 산이 너무도 높아 달도 더디 떠서 늦어지는 거
겠지'라고 재치있게 표현하면서 한편으로 그 섭섭한 마음을 애써 감추고 한편
으로는 그래도 반드시 올 것이라는 낙관과 여유를 보이고 있다.

超然求物之外者其此意乎今

也婿江亮所樂也示

先生之所知不晶

先生之先為鞅也南望不覺為之悵然況世

問新事歲梁雨月不同笑近聞若坐序廟幸

今官開欲與匈隱匹馬注子果浮如彭川寧

當作一夜頳也歲受弟弟之

惠敢不銘感僕自宵患痢疾將三十旦笑比未小

王羲之 集字聖教序

漢字의 理解

至 '至'는 '화살이 과녁에 꽂히는 모양' 또는 '새가 땅에 날아와 앉는 모양'을 본뜬 글자로 '이르다'의 뜻(自初至終)이다. 그러나 대부분은 부사로 '가장' '매우' '지극히' 등의 뜻으로 쓰인다.

용례

至極　至近　至急　至當　至大
至毒　至誠　至嚴　至尊　至難
至誠感天　至高至純

人體와 관련된 漢字語

鼻祖 [鼻(비) : 코. 祖(조) : 조상]

毒舌 [毒(독) : 독. 舌(설) : 혀]

舌戰 [舌(설) : 혀. 戰(전) : 싸우다]

舌禍 [舌(설) : 혀. 禍(화) : 화]

長廣舌 [長(장) : 길다. 廣(광) : 넓다. 舌(설) : 혀]

口舌數 [口(구) : 입. 舌(설) : 혀. 數(수) : 운수]

年齒 [年(년) : 해. 齒(치) : 이]

義齒 [義(의) : 밖으로부터 오다. 齒(치) : 이]

切齒腐心 [切(절) : 갈다. 齒(치) : 이. 腐(부) : 썩다. 心(심) : 마음]

格言 · 名句 및 俗談

苟非吾之所有인댄 雖一毫而莫取하라 　　　　─赤壁賦
진실로 내 소유가 아니라면 비록 터럭 하나라도 취하지 마라.

突不燃이면 不生煙이라
'굴뚝에 불을 지피지 않으면 연기가 나지 않는다' 즉 '아니 땐 굴뚝에 연기 나랴'로 '원인 없는 결과가 있을 수 없다'는 말이다.

助長
宋人에 有閔其苗之不長而揠之者러니 芒芒然歸하여
謂其人曰 今日病矣와라 予助苗長矣와라 하거늘
其子趨而往視之하니 苗則槁矣러라 　　　　　－孟子

송나라 사람 중에 (자기가 심은 곡식의) 그 싹이 자라지 않는 것을 근심하여 (잡아)뽑는 사람이 있었는데, (잡아 뽑고는) 지친 듯이 돌아와 그 (집안) 사람들에게 일러 말하기를 "오늘 피곤하구나. 내가 싹이 자라는 것을 도와 주었지"라고 하자 그 아들이 빠른 걸음으로 가서 보니 싹은 말라 있었다.

字句 풀이

宋(송) 중국 춘추시대의 나라 이름 | 閔(민) : 우환, <u>근심하다</u> | 苗(묘) : <u>싹. 곡식</u> | 長(장) : 길다(長短). 크다(長大). 우두머리(家長). 어른(長幼). <u>자라다</u>(生長) | 揠(알) : 뽑다 | 芒芒然(망망연) : 피로한 (지친) 모양 | 歸(귀) : <u>돌아오다</u>. 돌아가다 | 其人(기인) : '其家人'(그 집안 사람)의 뜻 | 病(병) : 병. 아프다. <u>피로하다</u> | 予(여) : 주다. <u>나</u> | 助(조) : 돕다 | 趨(추) : 추창하다(종종걸음으로 빨리 걷다) | 往(왕) : <u>가다</u>(往來). 옛(往年). 이따금(往往) | 視(시) : 보다 | 槁(고) : 마르다

文法 研究

· 有閔其苗之不長而揠之者 : 이 문장은 '有~者'(~하는 사람이 있다)의 기본 틀 안에 '而'를 사이에 두고 '閔其苗之不長'(그 싹이 자라지 않는 것을 근심하다)이라는 문장과 '揠之'(뽑다)라는 문장이 순접으로 연결된 것이다.

· 則(즉) : '則'은 보통 가정의 구문에 쓰이나 여기서는 '~은, ~에 있어서는, ~에 이르러서는' 정도의 뜻으로 쓰였다.

孟子 : 중국 전국시대의 사상가인 맹자(孟子)의 언행(言行)을 기록한 책.

해설

'무식한 양반과 유식한 도둑'

옛날 글도 모르던 어떤 양반이 그저 심심풀이로 방에 앉아 글 제목만 겨우겨우 읽고 있었다. 마침 도둑이 들어 기웃거리고 있을 때, 이 양반이 '前 赤壁賦(전 적벽부)'의 '賦(부 : 글의 종류)'를 모양이 비슷한 '賊(적 : 도둑)' 字로 잘못 알고 '전 적벽적'이라고 읽자, 도둑은 깜짝 놀라 뒤쪽 담으로 뛰어가 숨었다. 그러자 책장을 넘기던 이 양반 '後 赤壁賦(후 적벽부)'를 또 '후 적벽적'이라고 읽자 도둑은 그대로 달아나 버렸다고 한다.

이 양반은 아무 생각 없이 '賦(부)' 字를 '賊(적)' 字로 잘못 알고 읽었는데 도둑이 듣기는 '前赤壁賊' 즉 '앞 붉은 벽에 도둑'이라고 알아듣고 뒤쪽 담으로 숨었던 것이다. 그런데 숨자마자 이 글 모르는 양반이 다시 '後赤壁賊(뒤 붉은 벽에 도둑)'이라 하자 더 이상 버틸 수가 없어 달아나 버렸다고 한다.

百年河淸 백년하청

◎ 字句 풀이

百(백) : 일백 │ 年(년) : 해 │ 河(하) : 강 │ 淸(청) : 맑다

◎ 뜻풀이

'백 년을 기다린다 해도 누렇게 흐려진 황하의 물은 맑아지지 않는다'는 뜻으로 '아무리 오래 기다려도 소용이 없다'는 말이다.

◎ 유래

春秋時代 鄭나라는 楚나라의 공격을 받게 된다.

곧 중신들이 모여 대책을 논의했으나 楚나라에 항복하자는 측과 晉나라의 구원병을 기다리며 싸우자는 측으로 나뉘어 의견의 일치를 보지 못하였다. 이때 항복을 주장하는 子駟(자사)라는 신하가 말했다.

"周나라 시에 '황하의 흐린 물이 맑아지기를 기다린다 해도 인간의 짧은 수명으로는 아무래도 부족하다'는 말이 있듯이 지금 晉나라의 구원병을 기다린다는 것은 그야말로 '百年河淸'일 뿐이오, 그러니 일단 楚나라를 따르도록 합시다"

이리하여 鄭나라는 楚나라와 화친을 맺고 위기를 모면했다.

濫觴 남상

◎ 字句 풀이

濫(남) : 넘치다 | 觴(상) : 잔

◎ 뜻풀이

'큰 강물도 그 근원은 겨우 술잔에 넘칠 정도로 적은 물'이란 뜻으로 '모든 사물, 또는 일의 처음이나 출발점'을 말한다.

◎ 유래

孔子의 제자 子路가 화려한 옷을 입고 孔子를 뵈었다.

"子路야. 네 화려한 차림은 어찌된 일이냐? 揚子江은 岷山(민산)에서 시작이 되는데 그것이 처음 솟아날 때 그 근원은 겨우 술잔이 넘칠 정도로 적은 양이었다. 그것이 강나루에 이르러서는 수량도 많아지고 흐름도 빨라져 배를 띄우지 않고서는 건널 수 없으며 바람이 없는 날을 고르지 않고서는 배로 건널 수도 없게 된다. 지금 자네의 차림은 넘칠 듯이 흐르는 揚子江 하류의 물처럼 훌륭하게 보이고 얼굴빛은 그지없이 만족스러워 보이는구나"

처음의 중요성과 처음이 나쁘면 갈수록 더 심해짐을 일러주자 子路는 즉시 옷을 갈아입었다고 한다.

江雪 柳宗元

千山鳥飛絕이요　온 산에는 새들도 날지 않고

萬徑人蹤滅이라　온 길은 인적도 끊어졌네

孤舟蓑笠翁이　외로운 배 도롱이에 삿갓 쓴 노인이

獨釣寒江雪이라　눈 내리는 차가운 강에 홀로 낚시질 하네

◎ 字句 풀이

鳥飛絕(조비절) : 새들이 나는 것도 끊어지다 │ 萬徑(만경) : 모든 길. 수많은 길 │ 人蹤滅(인종멸) : 사람들 발자취(발길)가 사라지다 │ 蓑笠(사립) : 도롱이와 삿갓 │ 釣(조) : 낚시

柳宗元(유종원, 773~819) : 중국 唐나라 때의 시인. 字는 子厚(자후). 韓愈와 함께 唐代 古文運動을 주도하였다. 唐宋八大家의 한 사람

이 시는 유종원이 귀양을 가서 지은 것으로 낚시하는 노인을 통해 어떠한 압박에도 굴하지 않는 고결한 정신 세계를 보여 주며 이러한 정신 세계는 바로 그가 지향

하던 바였다. 눈이 계속 내려 산새들도 날지 못하고 모든 길이 끊겨 인적도 사라졌다. 이렇게 폭설이 쏟아지는 중에도 도롱이 입고 삿갓을 쓴 신선 같은 노인은 쓸쓸한 배 위에서 아랑곳하지 않고 의연하게 낚싯대를 드리우고 있다. 노인의 여유있고 한가로운 모습을 그림같이 묘사하여 한 폭의 그림을 보는 듯한 느낌이 들게 한다. 이 시는 동양화의 소재로 자주 쓰이기도 한다.

漢

王羲之 集字聖教序

漢字의 理解

漢

'漢'은 王朝 이름이나 보통 '中國'을 가리키는 대명사(漢文, 漢字, 漢語)로 쓰인다. 다음과 같은 경우는 '男子'를 지칭하는 뜻으로 쓰였다.

용례

怪漢　惡漢　癡漢

門外漢　好色漢

人體와 관련된 漢字語

掌握 [掌(장) : 손바닥. 握(악) : 쥐다]

管掌 [管(관) : 주관하다. 掌(장) : 손바닥]

如反掌 [如(여) : 같다. 反(반) : 뒤짚다. 掌(장) : 손바닥]

仙人掌 [仙(선) : 신선. 人(인) : 사람. 掌(장) : 손바닥]

拍掌大笑 [拍(박) : 치다. 掌(장) : 손바닥. 大(대) : 크다. 笑(소) : 웃다]

下手人 [下(하) : 아래. 手(수) : 손. 人(인) : 사람]

手不釋卷 [手(수) : 손. 不(불) : 아니다. 釋(석) : 놓다. 卷(권) : 책]

袖手傍觀 [袖(수) : 소매에 넣다. 手(수) : 손. 傍(방) : 곁. 觀(관) : 보다]

束手無策 [束(속) : 묶다. 手(수) : 손. 無(무) : 없다. 策(책) : 방책]

自手成家 [自(자) : 스스로. 手(수) : 손. 成(성) : 이루다. 家(가) : 집]

格言·名句 및 俗談

歲寒然後에 知松柏之後凋也라　　　—論語
날씨가 추워지고 난 뒤에야 소나무와 잣나무가 늦게 시드는 것을 알게 된다.

積功之塔이 豈毁乎아
'공든 탑이 무너지랴'로 '정성을 기울인 일은 쉽게 무너지지 않는다'는 말.

子罕辭寶

宋人이 得玉하여 獻諸司城子罕한대 子罕이 弗受어늘
獻玉者曰 以示玉人하니 玉人以爲寶라 故로 獻之니이다
子罕曰 我以不貪爲寶요 爾以玉爲寶니 若以與我면
皆喪寶也라 不若人有其寶니라　　　　　　　　　 －蒙求

송나라 사람이 옥을 얻어서 그것을 사성 벼슬에 있던 자한에게 바쳤는데 자한이 받지 아니하자 옥을 바치던 사람이 말하기를 "옥인에게 보여 주니, 옥인이 보물이라고 여겼기 때문에 그것을 바치는 것입니다" 자한이 말하기를 "나는 탐하지 않는 것을 보물로 여기고 너는 옥을 보물로 여기니 만약 나에게 준다면 모두 보물을 잃게 되는 것이다. 사람들마다 자기 보물을 가지고 있는 것만 못하다"고 하였다

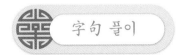
字句 풀이

辭(사) : 말. <u>사양하다</u>. 그만 두다 | 宋(송) : 중국 춘추시대의 나라 이름 | 獻(헌) : <u>드리다</u>. 권하다 | 諸(제, 저) : 모두(제). <u>어조사</u>(저) | 司城(사성) : 벼슬 이름. 송나라 육경(六卿)의 하나. 사공(司空)과 같음. 송나라 무공(武公)의 이름이 공(空)이므로 이 글자를 피하여 성(城)으로 바꾸어 쓴 것임 | 子罕(자한) : 이름은 악희(樂喜). 송나라 양공(襄公)때 사람 | 弗(불) : '不'과 같다 | 受(수) : 받다 | 者(자) : ~하는 사람 | 示(시) : 보이다 | 玉人(옥인) : 옥을 다루는 사람. 옥장이 | 故(고) : 그렇기 때문에. 그런 까닭으로 | 我(아)

나. 일인칭으로 '吾, 余, 予' 등이 있다 | 貪(탐) : 탐하다. '不貪'은 '탐하지 않다' | 爾(이) : 너. 뿐. 이인칭으로 '汝, 若, 而' 등이 있다 | 若(약) : <u>만약</u>. 같다. 너 | 與(여) ~와 더불어. <u>주다</u> | 皆(개) : 다(모두) | 喪(상) : 상복. 잃다(喪失) | 不若(불약) : '~만 같지 못하다'. '~보다 못하다' | 人(인) : '사람마다'. '저마다' | 有(유) : 있다. <u>가지다</u>(소유)

文法 研究

· 諸(저) : 음은 '저'이며, '之於, 之乎'의 축약된 글자. 문장 가운데 쓰이면 '之於', 문장 끝에 쓰이면 '之乎'이다. 여기서는 '之於'로 '獻之於司城子罕'이다.

  예 投諸江(= 投之於江) : 강에 던지다.

  有諸(= 有之乎) : 그런 일이 있습니까.

· 以示玉人(이시옥인) : '以'는 '~로써 ~을'로 수단·도구를 나타낸다. 아울러 '以' 다음에는 '玉'이 생략된 형태이다. '以(玉)示玉人'으로 '(옥을) 옥인에게 보여 주다'이다.

· 以爲(이위) : '~라고 여기다, 생각하다' 이것은 '以A爲B'의 용법에서 A가 생략된 형태이다. 즉 A에 해당하는 '玉'이 생략되었다. '以(玉)爲寶'로 '(옥을) 보물이라고 여기다'이다.

· 以~爲~(이~위~) : '以A爲B'의 구문으로 'A를 B라고 생각하다(여기다)' 'A를 B로 삼다' 'A를 B로 만들다'의 뜻으로 쓰이는데 여기서는 '생각하다, 여기다'는 뜻이다.

· 若(약) : 가정으로 '만약 ~한다면'의 뜻이다.

  예 春若不耕 秋無所望 : 봄에 만약 밭을 갈지 않으면 가을에 바랄 것이 없다.

· 不若(불약)~ : '~만 같지 못하다' '~보다 못하다'는 의미로 비교형의 구문이다. 여기서 '若'은 '같다'의 뜻이다.

  예 力不若牛, 走不若馬 : 힘은 소만 같지 못하고(소보다 못하고), 달리는 것은 말만 같지 못하다.(말보다 못하다)

원래는 漢字語였으나 음이 변하여 순우리말처럼 쓰이는 것이 있다.

우리가 흔히 '우레와 같은 박수 소리'라는 말을 쓴다. 여기서 '우레'는 '雨雷(우뢰 : 천둥)'의 음이 변한 것이다.

'설렁탕'은 그냥 설렁설렁 끓여서 붙여진 이름이라고 하는 사람들도 있으나 실은 조선시대 해마다 임금님이 몸소 선농단(先農壇 : 지금 제기동 부근)으로 행차하여 한 해의 풍년을 기원하는 제사를 올렸다. 제사를 마친 후 제물로 바친 소를 국으로 끓여 백성들에게 대접을 했다. 이때 끓인 국을 '선농단(先農壇)에서 끓인 국' 즉 '선농탕(先農湯)'이라 하였는데 세월이 흘러 음이 변하여 '설렁탕'이 되었다고 한다.

三人成虎 삼인성호

◎ 字句 풀이

三(삼) : 셋 │ 人(인) : 사람 │ 成(성) : 이루다 │ 虎(호) : 호랑이

◎ 뜻풀이

'세 사람이 거짓말을 하면 호랑이가 나타났다는 말도 믿게 된다' 뜻으로 '거짓말이라도 여러 사람이 하면 참말이 된다'는 뜻이다.

◎ 유래

戰國時代 魏나라 惠王 때 태자와 신하 龐葱(방총)이 趙나라 수도 邯鄲(한단)에 인질로 끌려가게 되었다. 떠나기 전에 龐葱이 惠王에게 물었다.

"지금 누가 저자거리에 호랑이가 나타났다고 한다면 믿으시겠습니까?"

"누가 믿겠소" "두 사람이 똑같이 호랑이가 나타났다고 한다면 어찌하시겠습니까?" "역시 믿지 않을 것이오" "그러면 세 사람이 똑같이 말하면 그땐 믿으시겠습니까?" "그땐 믿을 것이오" "저자거리에 호랑이가 나타날 수 없는 것은 뻔한 사실이옵니다. 그러나 세 사람이 똑같이 말한다면 호랑이가 나타난 것이 되옵니다. 신은 이제 邯鄲으로 가게 되었습니다. 邯鄲은 魏나라 저잣거리보다 멀리 떨어져 있습니다. 게다가 제가 떠난 뒤 저를 헐뜯는 자가 세 사람만이 아닐 것입니다. 왕께서는 귀담아 듣지 마시오" "마음을 놓으시오. 누가 무슨 말을 하든 과인은 내 눈으로 본 것이 아니면 믿지 않을 것이오"

그런데 龐葱이 떠나자마자 惠王에게 그를 헐뜯는 자가 있었다. 수년 후 풀려난 태자는 귀국했으나 惠王에게 의심을 받은 龐葱은 끝내 귀국할 수 없었다.

朝三暮四 조삼모사

◎ 字句 풀이

朝(조) : 아침 │ 三(삼) : 셋 │ 暮(모) : 저물다 │ 四(사) : 넷

◎ 뜻풀이

1) 간사한 꾀로 남을 속이고 농락하는 것.
2) 눈앞에 보이는 차이만 알고 결과가 똑같은 것을 모르는 것.

◎ 유래

宋나라 狙公(저공)이라는 사람은 원숭이를 좋아해서 많은 원숭이를 기르고 있었다. 그는 원숭이와 서로 뜻이 통할 정도로 원숭이를 아끼고 사랑했지만, 원숭이의 숫자가 점점 많아지자 어쩔 수 없이 이들의 식량을 제한해야만 했다. 그래서 먼저 원숭이에게 "너희들에게 도토리를 아침에 세 개 주고 저녁에 네 개 주면 어떻겠는가"라고 하자 모든 원숭이들이 일어나 화를 내었다. 狙公은 바로 이어 "그렇다면 아침에 네 개 주고 저녁에 세 개 주면 어떻겠는가"라고 하자 원숭이들은 모두 뛸 듯이 좋아했다.

漢詩鑑賞

尋隱者不遇 賈島

松下問童子하니	소나무 아래에서 아이에게 물으니
言師採藥去라	스승은 약초를 캐러 가셨는데
只在此山中이나	단지 이 산 속에 계시건만
雲深不知處라	구름 깊어 계신 곳 알 수 없다고 하네

◎ 字句 풀이

尋(심) : 찾다 | 隱者(은자) : 은둔하여 사는 사람 | 遇(우) : 만나다 | 採(채) : 캐다

賈島(가도, 779~843) : 중국 당나라 때의 시인으로 字는 浪仙(낭선). 한 때 출가하여 승려가 되었다가 韓愈의 권유로 환속하여 그에게 시문을 배웠다고 한다. 일생을 청빈하게 살아 그가 세상을 떠날 때 남긴 것이라곤 병든 말과 거문고 뿐이었다고 한다.

隱者를 만나보려고 산길을 가다가 소나무 아래에서 은자의 집을 찾아 동자에게 은자가 있는 곳을 물었더니 산중에 계시기는 한데 어디 계신지는 알 수 없다는 대답만을 듣는다. 바로 가까운 곳에서 찾을 듯하다가 결국 만나지 못하고 돌아서는 지은이의 아쉬운 심정이 나타나 있다. 문답 형식을 통해 깊은 산중의 모습을 그림처럼 묘사하고 세상일에 얽매이지 않고 유유자적하며 살아가는 은자의 생활을 담담하게 그리고 있다.

楚然乎口口夕口先生口口口

也蹑江而渡所乐也亦

先生之所知不暇

先生之先君為鞭也南望不覺為之悵然况世

問新事歲哭而月不同笑近聞若監府廟幸

今官閒欲與卓隱正為法子果浮如邵川寧

當作一夜頃也歲受新米之

惠敢不銘感僕旦宵憂病候將三百矣比來小

第27講

王羲之 十七帖

漢字의 理解

必

'必'은 '꼭' '반드시'의 뜻으로 쓰인다.

용례

必讀　必是　必須　必然　必要

必勝　必着　何必　期必

必需品　必死的　必要惡

未必的　言必稱　事必歸正

信賞必罰　必有曲折　生者必滅

人體와 관련된 漢字語

骨幹 [骨(골) : 뼈. 幹(간) : 줄기]　　骨髓 [骨(골) : 뼈. 髓(수) : 골수]

骨材 [骨(골) : 뼈. 材(재) : 재목]　　露骨 [露(로) : 드러나다. 骨(골) : 뼈]

刻骨難忘 [刻(각) : 새기다. 骨(골) : 뼈. 難(난) : 어렵다. 忘(망) : 잊다]

粉骨碎身 [粉(분) : 가루. 骨(골) : 뼈. 碎(쇄) : 부수다. 身(신) : 몸]

白骨難忘 [白(백) : 희다. 骨(골) : 뼈. 難(난) : 어렵다. 忘(망) : 잊다]

無骨好人 [無(무) : 없다. 骨(골) : 뼈. 好(호) : 좋다. 人(인) : 사람]

鷄卵有骨 [鷄(계) : 닭. 卵(란) : 알. 有(유) : 있다. 骨(골) : 뼈]

言中有骨 [言(언) : 말. 中(중) : 가운데. 有(유) : 있다. 骨(골) : 뼈]

洗腦 [洗(세) : 씻다. 腦(뇌) : 뇌]　　膝下 [膝(슬) : 무릎. 下(하) : 아래]

危機一髮 [危(위) : 위태롭다. 機(기) : 때. 一(일) : 하나. 髮(발) : 터럭]

格言·名句 및 俗談

以勢交者는 勢傾則絶하고 以利交者는 利窮則散이라
－文中子

세력으로 사귄 자들은 세력이 기울어지면 끊어지고, 이익으로 사귄 자들은 이익이 다하면 흩어진다.

泰山鳴動에 鼠一匹이라
'태산을 울리고 흔들리게 하더니 겨우 쥐 한 마리를 잡았다'로 '크게 떠벌리기만 하고 결과는 보잘것없음'을 이르는 말이다.

吾君耳如驢耳

景文王이 登位하니 王耳忽長如驢耳러라

王后及宮人은 皆未知어늘 唯幞頭匠一人이 知之러라

然이나 生平不向人說이러니 其人將死에

入道林寺竹林中無人處하여 向竹唱云 吾君耳如驢耳라 하다

其後風吹則竹聲云 吾君耳如驢耳라 하니 王惡之하여

乃伐竹而植山茱萸러니 風吹則但聲云 吾君耳長이라 하더라

― 三國遺事

경문왕이 왕위에 오르자 왕의 귀가 갑자기 당나귀 귀처럼 길어졌다. 왕후와 궁녀들은 모두 알지 못했는데 오직 복두장(두건을 만드는 장인) 한 사람만이 그것을 알았다. 그러나 (그는) 평생토록 다른 사람을 향해 말하지 않았는데 그 사람이 장차 죽게 되었을 때 도림사 대나무 숲 속 사람이 없는 곳으로 들어가 대나무를 향하여 소리치기를 '우리 임금님 귀는 당나귀 귀처럼 생겼다'고 하였다. 그 뒤로 바람이 불기만 하면 대나무에서 소리가 나기를 '우리 임금님 귀는 당나귀 귀처럼 생겼다'고 하니 왕이 그 소리를 미워하여(싫어하여) 이에 대나무를 베고 산수유를 심었더니 바람이 불면 다만 소리가 나기를 '우리 임금님 귀는 길다'고만 하였다.

字句 풀이

景文王(경문왕, 861~875) : 신라 48대 임금 | 忽(홀) : <u>홀연히</u>(갑자기). 소홀하다 | 長(장) : <u>길다</u>. 크다. 우두머리. 자라다 | 如(여) : <u>같다</u>(~처럼). 만약 | 驢(려) : 당나귀 | 王后(왕후) : 왕의 부인(王妃) | 及(급) : 미치다. <u>및</u> | 宮人(궁인) : 궁녀 | 知(지) : <u>알다</u>. 맡다(道知事) | 唯(유) : 오직 | 幞頭匠(복두장) : 두건을 만드는 장인 | 然(연) : 그러하다. <u>그러나</u> | 生平(생평) : 평생 | 將(장) : 장수. <u>장차</u>. 나아가다. '將死'는 '장차 죽으려 하다'로 '죽을 때가 되어'의 의미 | 竹林中(죽림중) : 대나무 숲 속. '中'은 '가운데. 안. 속'의 뜻 | 無人(무인) : '사람이 없다' 즉, '아무도 없다'는 뜻 | 處(처) : 곳. 머무르다 | 唱(창) : 부르다 | 云(운) : ~라고 말하다 | 吹(취) : 불다 | 惡(악, 오) : 나쁘다(악). <u>미워하다</u>. 어찌(오) | 乃(내) : 이에 | 伐(벌) : 치다(征伐). <u>베다</u>(伐木) | 植(식) : 심다 | 山茱萸(산수유) : 층층나무과의 낙엽 활엽 교목 | 但(단) : 단지. 다만

文法 研究

· 如(여) : '如'는 '若'과 그 용법이 같다. 여기서 '如'는 비교의 뜻을 나타냄. 즉, '~와 같다, ~처럼'이다.

　예)**學問如逆水行舟** : 학문은 물을 거슬러 배를 저어가는 것과 같다.

· 不向人說(불향인설) : '向'은 '향하다'로 '마주 보다, 대면하다'는 뜻이다. 즉, '다른 사람들을 보고 말하지 않다'

· 則(즉) : '~하면, 이면'으로 가정을 나타냄.

　예)**欲速則不達** : 빨리 하고자 하면 이루지 못한다.

떡보와 사신

옛날 중국에서 온 사신이 평양 길가에서 기골이 장대하고 수염이 허리까지 내려온 젊은이를 보게 되었다. 기이한 모습이어서 무언가 말을 하고 싶었으나 말이 통하지 않아, 손가락을 둥글게 해서 보였더니, 그 젊은이는 즉시 손가락을 네모나게 해서 답을 하는 것이었다. 다시 손가락 세 개를 보였더니 이번에는 손가락 다섯 개를 들어 답하였다. 다시 옷을 들어 보여주자 그는 입을 가리키는 것이었다.

서울에 도착한 사신은 조정 대신들에게 그를 극찬하며 말했다. "내가 평양에서 한 기이한 젊은이를 보았습니다. 내가 '하늘은 둥글다'며 손가락을 둥글게 하자, 그는 '땅은 네모지다'며 손가락을 네모나게 하여 보여 줍디다. 내가 '天地人'을 뜻하며 세 손가락을 보였더니, 이번에는 '仁義禮智信'을 뜻하며 손가락 다섯 개를 보입디다. 내가 다시 '옛날에는 옷만 드리우고도 천하가 다스려졌다'는 의미로 옷을 가리켰더니, 아니 그는 '말세에는 입으로 천하를 다스린다'며 입을 가리키는 것이 아니겠습니까?"

이상하게 여긴 조정에서 그 젊은이를 불러 물었더니

"그 사람이 '절편'이 먹고 싶다고 손가락을 둥글게 하길래 저는 '인절미'가 먹고 싶다고 손가락을 네모나게 한 것이고요. 그가 또 하루에 '세끼'를 먹고 싶다고 손가락 세 개를 보이길래 저는 '다섯끼'는 먹어야 한다고 다섯 손가락을 보여 주었지요. 그랬더니 그 사람이 자기는 근심거리가 옷이라고 하여 옷을 가리키길래 저는 근심거리가 먹을 것이라고 입을 가리켰던 것입니다"라고 하였다.

이 이야기를 듣던 사람늘이 모누 박장대소했다고 한다.　　　　　　―於于野談

故事成語

脣亡齒寒 순망치한

◎ 字句 풀이

脣(순) : 입술 | 亡(망) : 없다 | 齒(치) : 이 | 寒(한) : 차다

◎ 뜻풀이

'입술이 없어지면 이가 드러나 시리다'는 뜻으로 '한쪽이 망하면 다른 한쪽도 온전하기 어려움'을 비유하여 이르는 말이다.

◎ 유래

春秋時代 晉나라 獻公은 虢(괵)나라를 치기 위해 虞(우)나라에 길을 빌려 달라고 요청하였다. 虞나라를 거쳐야만 虢나라로 갈 수 있었기 때문이다. 晉 獻公은 사신을 보내 명마와 보물을 虞나라 왕에게 뇌물로 바치고 길을 빌려 달라고 간청하였다. 왕은 뇌물

이 탐이 나서 청을 들어주려고 하였다. 그러나 晉나라의 속셈을 뻔히 알고 있는 宮之 奇(궁지기)란 신하는 반대하며 말하였다.

"虢은 우리나라의 울타리입니다. 虢이 망하면 우리나라도 반드시 망할 것입니다. 속 담에 '덧방나무와 수레는 서로 의지하고, 입술이 없으면 이가 시리다' 라고 한 것은 바 로 우리 두 나라를 두고 한 말입니다."

그러나 이미 뇌물에 눈이 어두워진 왕은 宮之奇의 말을 듣지 않았다. 宮之奇는 나라가 망할 것을 알고 가족들을 데리고 다른 나라로 떠나 버렸다. 과연 晉나라는 虢으로 쳐 들어가서 멸망시키고는 돌아가는 길에 虞마저 멸망시키고 말았다.

背水陣　배수진

◎ 字句 풀이

背(배) : 등지다 | 水(수) : 물 | 陣(진) : 진영

◎ 뜻풀이

'물을 등지고 진을 친다'는 뜻에서 '죽음을 각오하고 대처하는 것'을 말한다.

◎ 유래

漢나라 韓信은 趙나라를 공격하였다. 趙나라는 20만 대군을 동원하여 튼튼한 진지를 구축하고 대치하고 있었다. 韓信은 趙나라 군사들이 유리한 곳을 차지하고 있어 정공 법으로 싸워서는 이길 수 없다고 생각해 기발한 전략을 세웠다. 그는 기마병 이천 명을 趙나라 진지 가까운 산기슭에 매복시켜 놓고 전투가 시작되어 趙나라 군사들이 성을 비우게 되면 성 안으로 들어가 趙나라 깃발을 내리고 漢나라 깃발을 올리도록 하였다. 그리고 일만 명의 군사들에게 강물을 등지고 진을 치게 했다. 趙나라 군사들은 이것을

보고 병법도 모른다고 비웃었다.

다음 날 韓信이 공격하자 趙나라 군사들은 성문을 열고 응전을 해 왔다. 韓信은 거짓으로 퇴각하여 배수진을 치고 있던 군사들과 합류했다. 韓信이 배수진을 친 곳으로 들어간 것을 본 趙나라 군사들은 성을 비워 놓고 일제히 공격해 왔다. 韓信의 군사들은 더 이상 물러설 곳이 없었으므로 죽기를 각오하고 싸울 수밖에 없었다. 그 사이 매복해 있던 漢나라 군사들은 趙나라 성 안에 들어가 趙나라 깃발을 뽑아 버리고 漢나라 깃발을 내걸었다. 배수진을 친 韓信의 강력한 항전으로 성으로 되돌아가던 趙나라 군사들은 성위에 漢나라 깃발이 걸린 것을 보고 깜짝 놀라 혼란이 일어났다. 이때 韓信의 군사들이 앞뒤에서 공격을 하여 趙나라는 대패하고 말았다.

漢詩 鑑賞

無語別 林悌

十五越溪女가　열다섯 아리따운 소녀가

羞人無語別하고　남이 부끄러워 말없이 작별 하고

歸來掩重門하여　돌아와 중문을 닫아걸고서

泣向梨花月이라　배꽃에 걸린 달을 바라보며 흐느끼네

◎ 字句 풀이

越溪女(월계녀) : 중국 越나라 시내 가에서 비단을 빨던 西施(서시)라는 유명한 미녀란 뜻
으로, 일반적으로 미인을 가리킬 때 씀. 李白의 시에 나옴 | 羞人(수인) : 남들이 볼까 부끄
러워 | 無語別(무어별) : 말없이 작별하다 | 掩(엄) : 닫다 | 重門(중문) : 대문 안에 있는 문

林悌(임제, 1549~1587) : 조선 중기의 문인. 字는 子順(자순), 號는 白
湖(백호). 명문장으로 이름을 날렸으며 호방하고 시원한 詩風으로 그의
시는 널리 애송되었다.

열다섯 아리따운 소녀가 님과 작별을 하면서 남들의 눈에 띨까 부끄러워 한마디
말도 나누지 못하고 집에 돌아와 달을 보며 흐느끼는 애틋한 감정을 묘사한 작품
이다. 특히 남성의 시각으로 한 여성의 순수한 내면 세계를 섬세하게 그려내고 있
는 것이 인상적이다.

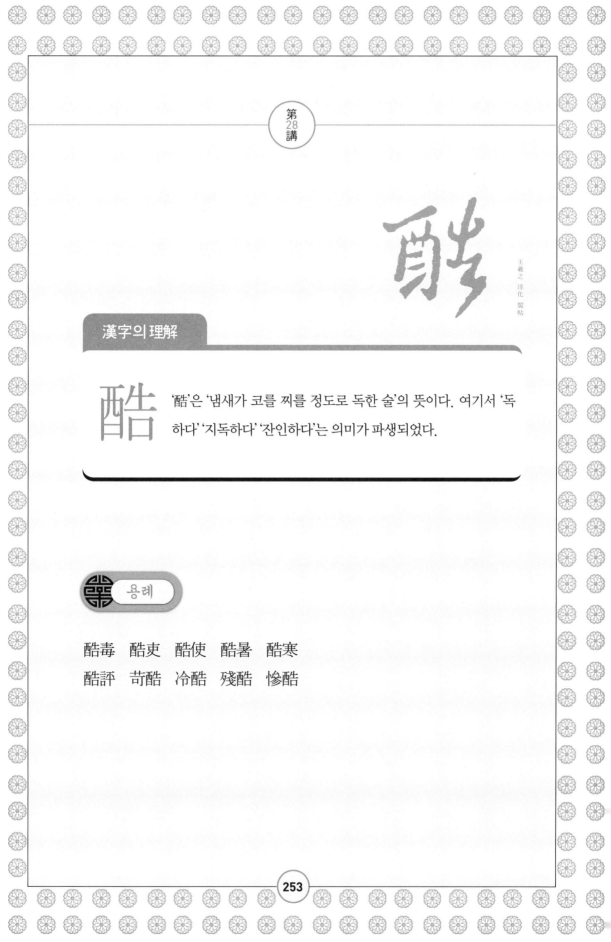

王羲之 淳化 閣帖

漢字의 理解

酷 '酷'은 '냄새가 코를 찌를 정도로 독한 술'의 뜻이다. 여기서 '독하다' '지독하다' '잔인하다'는 의미가 파생되었다.

용례

酷毒　酷吏　酷使　酷暑　酷寒
酷評　苛酷　冷酷　殘酷　慘酷

人體와 관련된 漢字語

肝腸 [肝(간) 간. 腸(장) 창자]　　斷腸 [斷(단) 끊어지다. 腸(장) 창자]

肝膽 [肝(간) 간. 膽(담) 쓸개]　　大膽 [大(대) 크다. 膽(담) 쓸개]

膽力 [膽(담) 쓸개. 力(력) 힘]　　落膽 [落(락) 떨어지다. 膽(담) 쓸개]

私腹 [私(사) 사사로이. 腹(복) 배]　　心腹 [心(심) 가슴. 腹(복) 배]

腹案 [腹(복) 배. 案(안) 생각]

九曲肝腸 [九(구) 아홉. 曲(곡) 굽이. 肝(간) 간. 腸(장) 창자]

抱腹絕倒 [抱(포) 안다. 腹(복) 배. 絕(절) 끊어지다. 倒(도) 넘어지다]

面從腹背 [面(면) 얼굴. 從(종) 따르다. 腹(복) 배. 背(배) 배반하다]

胸襟 [胸(흉) 가슴. 襟(금) 가슴]

格言·名句 및 俗談

勿謂今日不學而有來日이오 勿謂今年不學而有來年이라

－朱熹

오늘 배우지 않으면서 내일이 있다고 하지 말며, 올해 배우지 않으면서 내년이 있다고 하지 마라.

種瓜得瓜요 種豆得豆라

'오이 심으면 오이를 얻고, 콩을 심으면 콩을 얻는다' 즉 '콩 심은 데 콩 나고, 팥 심은 데 팥 난다'로 '모든 일은 원인에 따라 결과가 생긴다'는 말이다.

季札掛劍

吳季札은 吳王壽夢季子也라 初使北할새 過徐君이러니

徐君이 好季札劍이나 口弗敢言이라 季札心知之나

爲使上國이라 未獻이러라 還至徐하니 徐君已死어늘

乃解其寶劍하야 懸徐君冢樹而去하니

從者曰 徐君已死어늘 尙誰予乎잇가 季子曰 不然하다

始吾心已許之어늘 豈以死倍吾心哉리오　　　　　　－蒙求

오나라 계찰은 오나라 임금 수몽의 막내아들이다. 처음에 북쪽으로 사신을 갈 때에 서나라 임금에게 들렀는데, 서나라 임금이 계찰의 칼을 좋아하면서도 입으로 감히 말하지 못했다. 계찰은 마음속으로 그것을 알았지만 상국(上國)에 사신으로 가기 때문에 (서군에게) 바치지 못하였다. 돌아오다가 서나라에 이르니 서나라 임금은 이미 죽었다. 이에 그 보검을 풀어 서나라 임금의 무덤가에 있는 나무에 걸어 놓고 떠나니 시종하던 자가 말하기를 "서나라 임금은 이미 죽었는데, 오히려 누구에게 주시는 것입니까?" 계찰이 말하기를 "그렇지 않다. 애초에 내가 마음 속으로 이미 허락했으니 어찌 죽은 것으로써(죽었다고 하여) 내 마음을 배반하겠는가?" 라고 하였다.

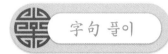
字句 풀이

吳(오) : 중국 춘추시대 때의 나라 이름 | 季(계) : <u>막내</u>. 철(四季). '季子'는 '막내 아들' | 初(초) : 처음에. 보통 그 이전의 사실을 말할 때 쓴다 | 使北(사북) : 북방으로 사신을 가다. '北'은 '산동성(山東省)'에 있던 노(魯)나라'를 가리킨다. 오나라에 비해 북쪽에 있었으므로 '北'이라 표현한 것이다 | 過(과) : 여기서는 '지나가는 길에 들르다'는 뜻 | 徐(서) : 중국 춘추 시대 때의 나라 이름. | 弗敢(불감)~ : 감히 ~하지 못하다 | 心知之(심지지) : 마음 속으로 알다. | 使上國(사상국) : '상국(上國)'으로 사신을 가다'. '上國'은 당시 노나라의 문화가 매우 발달하였기 때문에 쓴 표현이다 | 未獻(미헌) : 바치지 못하다 | 乃(내) : <u>이에</u>. 바로(곧) | 解(해) : '풀다' 즉, '차고 있던 칼을 풀다'는 뜻 | 冢樹(총수) : 무덤가에 있는 나무 | 去(거) : <u>가다[去來]</u>. 지나다[去年]. 없애다[去勢] | 從者(종자) : 수행하여 따라 다니는 사람 | 尙(상) : 숭상하다[尙武]. <u>오히려</u> | 誰(수) : 누구[誰何] | 予(여) : 나(=余). <u>주다(=與)</u> | 誰子乎(수여호) : 누구에게 주시는 것입니까? '乎'는 의문조사 | 始(시) : <u>처음[始末]</u>. 비로소 | 倍(배) : 곱[十倍]. <u>배반하다(=背)</u>

文法 硏究

· 爲使上國(위사상국) : 여기서 '爲'는 '~때문'으로 원인을 나타낸다.
· 豈以死倍吾心哉(기이사배오심재) : '豈~哉'는 반어형으로 '어찌 ~하겠는가'이다. '以死'는 '죽음 때문에'로 '以'는 원인을 나타낸다. 즉, '죽었다고 하여'라는 뜻이다.

예 以大雪解圍還 : 큰 눈 때문에 포위를 풀고 돌아가다.

豈能獨樂哉 : 어찌 홀로 즐길 수 있겠는가?

'아버지가방에들어가신다'

우리말은 잘못 띄어 읽으면 그 뜻이 엉뚱하게 바뀌는데, 漢文은 토를 어떻게 붙
이느냐에 따라 뜻이 전혀 달라질 수 있다.

옛날 딸만 둔 어떤 노인이 일흔 살이 되어 겨우 아들을 하나 얻었는데 세상을 떠
나면서 다음과 같은 유언을 남겼다.

'七十生子其非吾子家産傳之女婿他人勿犯'

'七十에 生子하니 其非吾子라 家産을 傳之女婿하니 他人勿犯하라'

'일흔에 자식을 낳았으니 그는 내 자식이 아니다. 집 재산을 사위에게 전하니 다
른 사람들은 침범하지 마라'

이렇게 풀이를 하자 그 아들은 한푼 재산도 가질 수 없게 되었다. 억울한 심정
에 고을 사또를 찾아가니 사또는 해석을 잘못 했다고 하면서 전 재산을 아들에
게 돌려주었다고 한다.

고을 사또의 해석은 이러하다.

'七十에 生子한들 其非吾子리오 家産을 傳之하니 女婿는 他人이니 勿犯하라'

'일흔에 자식을 낳았다한들 그가 내 자식이 아니겠는가. 집 재산을 전해 주니,
사위는 타인(남)이니 침범하지 마라'

故事成語

尾生之信 미생지신

◎ 字句 풀이

尾(미) : 꼬리 | 生(생) : 미칠 | 之(지) : ~의 | 信(신) : 믿다

◎ 뜻풀이

'尾生의 믿음'이란 뜻으로 '약속을 끝까지 지키는 신의 있는 태도'를 말한다.

◎ 유래

유세가로 유명한 蘇秦이 燕王을 설득하기 위해 다음과 같이 말했다.

"王께서 저를 믿지 못하시는 것은 필시 중상모략하는 사람이 있기 때문입니다. 사실

저는 曾參(증삼) 같은 효성도 없고, 伯夷(백이) 같은 청렴함도 없고, 尾生 같은 신의도 없습니다. 그러면 曾參 같은 효성과 伯夷 같은 청렴과 尾生 같은 신의가 있는 사람을 얻어 왕을 섬기도록 한다면 왕은 어떻습니까?"

"만족하오"

"그렇지 않습니다. 曾參처럼 효도를 한다면 하룻밤도 부모를 떠나 밖에서 자지 않을 텐데, 어떻게 천리 밖까지 가서 왕을 섬기게 할 수 있겠습니까? 伯夷는 武王의 신하가 되는 것이 싫어 首陽山에서 굶어 죽고 말았는데 어떻게 그런 사람으로 하여금 천리길을 달려가 활약하게 할 수 있겠습니까? 또 尾生은 한 여자와 다리 밑에서 만나기로 약속을 하고 기다렸으나 여자는 오지 않고 비가 와 물이 불어도 피하지 고 기둥을 안고 죽었습니다. 이런 신의 있는 인물을 어떻게 천리 밖으로 보내어 齊나라의 강한 군사를 물리치도록 할 수 있겠습니까? 저를 불효하고 청렴하지 못하며 신의가 없다고 중상모략하는 사람이 있지만 그렇기 때문에 저는 부모를 버리고 여기까지 와서 약한 燕나라를 돕는 것이 아닙니까?"

徙木之信 사목지신

◎ 字句 풀이

徙(사) : 옮기다 | 木(목) : 나무 | 之(지) : ~의 | 信(신) : 신의

◎ 뜻풀이

'나무를 옮긴 사람에게 상금을 주겠다는 약속을 지켰다'는 말로 '백성을 속이지 않고 신의를 지킴'을 이른다.

◎ 유래

秦나라 孝公은 부국강병을 결심하고 나라를 부강하게 할 수 있는 인재를 널리 모집하였다. 이때 公孫鞅(공손앙)이라는 사람이 孝公을 찾아가 變法의 시행을 건의하였다. 이 건의는 받아들여져서 마침내 법령을 완성하게 되었는데 다만 백성들이 믿고 따르지 아니할까 걱정이 되어 반포를 못하고 있었다.

그리하여 세 자[尺]짜리 나무를 남문에 세워 두고 백성들을 모이게 한 뒤 "이것을 북문으로 옮기는 사람이 있다면 금 열 냥을 준다"고 공고를 하였다.

그러나 백성들은 너무도 쉬운 일에 큰 돈을 주는 것을 이상하게 생각하여 그 누구도 옮기려 하지 않았다. 그래서 다시 오십 냥을 준다고 하니 어떤 이가 그것을 옮기는 것이었다. 그러자 약속한 대로 즉시 금 오십 냥을 주었다. 이렇게 나라에서 약속한 일은 반드시 지킨다는 신뢰를 준 뒤 법을 공포하였다.

金剛道中　姜柏年

百里無人響하고	백 리를 가도 사람 소리 들리지 않고
山深但鳥啼라	깊은 산에 단지 새들만 우네
逢僧問前路나	스님 만나 앞길을 물어 보았지만
僧過路還迷라	스님이 지나가자 길이 다시 헷갈리네

◎ 字句 풀이

響(향) : 울리다 | 無人響(무인향) : '사람의 소리가 없다' 즉 '사람의 소리가 들리지 않는다' | 但(단) : 단지 | 啼(제) : 울다 | 逢(봉) : 만나다 | 過(과) : 허물, <u>지나가다</u>. 지나치다 | 還(환) : 돌아가다. <u>다시</u>

姜柏年(강백년, 1603~1681) : 字는 叔久(숙구), 號는 雪峰(설봉). 조선 중기의 문신. 영의정 등을 역임했고 文名이 높았다고 한다.

백 리나 가도 인적이 없는 길, 아무도 없는 고요한 산 속에는 새들만 지저귀고 있다. 우연히 만난 스님에게 앞길을 물어 보았건만 스님이 가고 나서 다시 길을 잃을 정도로 깊은 산이다. 이 시에서 새 소리는 깊은 산의 적막함을 더욱 자아내게 한다. 지은이는 사람의 발길이 끊긴 깊은 산 속의 적막한 풍경을 섬세하게 묘사하고 있다.

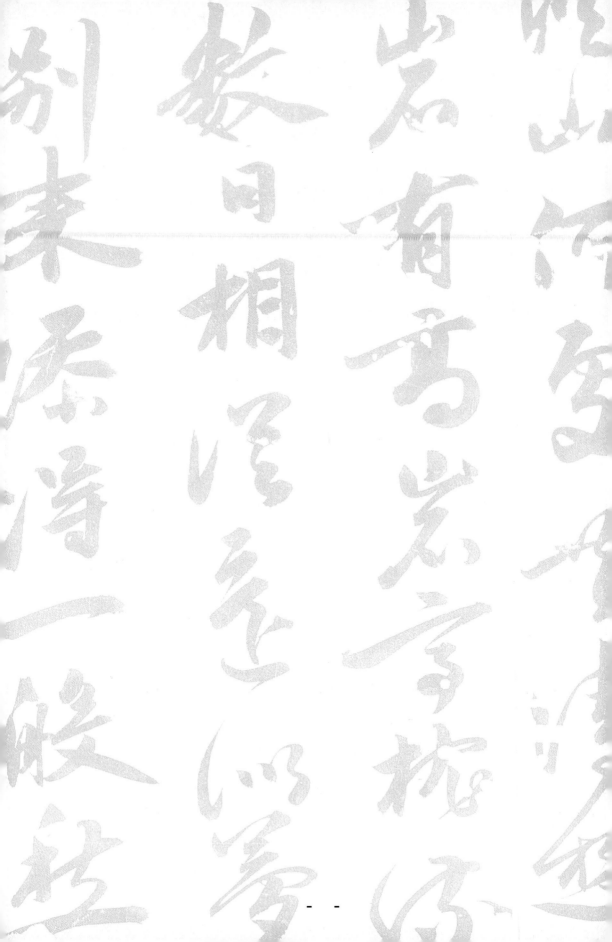

부록

◎ 허사의 용법

허사 ① : 之

'之'는 '~의' '~한' '~이(가)' '~을(를)' 등의 뜻으로 주로 사용되며 동사나 대명사로 쓰이기도 한다.

· 是誰之過與 : 이것은 누구의 잘못인가?

· 忽萌忌兄之心 : 갑자기 형을 꺼려하는 마음이 싹텄다.

· 仁之勝不仁也 猶水勝火也 : 인(仁)이 불인(不仁)을 이기는 것은 물이 불을 이기는 것과 같다.

· 天命之謂性 : 하늘이 명한 것을 성(性)이라 이른다.

· 愛人者 人恒愛之 : 남을 사랑하는 사람은 남도 항상 그를 사랑한다.

· 吾羞爲之下 : 나는 그의 아래가 된 것을 부끄러워 한다.

· 牛何之 : 소는 어디로 가는가?

허사 ② : 於

'於'는 처소나 시간 · 대상 · 유래 · 비교 · 피동 등을 나타낼 때 주로 사용된다.

· 子路宿於石門 : 자로가 석문 땅에서 잤다.

· 河內凶 則移其民於河東 移其粟於河內 : 하내에 흉년이 들면 그(하내) 백성을 하동으로 옮기고 그(하동) 곡식을 하내로 옮겼다.

· 己所不欲 勿施於人 : 자기가 하고자 하지 않는 것을 남에게 시키지 마라.

· 始吾於人也 聽其言而信其行 : 전에는 내가 사람에 대해 그의 말을 듣고서 그의 행실을 믿었었다.

· 千里之行 起於門前 : 천 리의 여행도 문 앞에서(부터) 시작한다.

· 苛政猛於虎也 : 가혹한 정치는 호랑이보다 무섭다.

· 用於國 則以死報國 : 나라에 등용되면 죽음으로써 나라에 보답한다.

허사 ③ : 以

'以'는 도구 · 수단 · 방법 · 원인 · 이유 · 표준 · 시간 · 기점 등을 나타낼 때 주로 사용하며 대상을 이끌기도 하고 접속사로 쓰이기도 한다.

· 以子之矛 陷子之盾 何如 : 그대의 창을 가지고 그대의 방패를 찌르면 어떻게 되는가.

· 君子不以言擧人 不以人廢言 : 군자는 말 때문에 사람을 등용하지 않으며, 사람 때문에 말까지 버리지는 않는다.

· 高句麗常以春三月三日 祭天及山川神 : 고구려는 항상 봄 삼월 삼짓날에 하늘 및 산천의 신에게 제사를 지냈다.

· 受命以來 夙夜憂嘆 : 명을 받은 이래로(부터) 이른 아침부터 밤까지 걱정하고 탄식하였다.

· 臨崩 寄臣以大事也 : 임종하실 때 신에게 대사(大事)를 맡기셨다.

· 項梁乃以八千人 渡江而西 : 항량이 이에 8천 명을 거느리고 강을 건너 서쪽으로 갔다.

· 志士仁人 無求生以害仁 : 뜻 있는 선비나 어진 사람은 살기를 구하여 인(仁)을 해치는 일은 없다.

'而'는 주로 접속사로 쓰이며 시간을 나타내는 부사와 결합하기도 하고 대명사로
쓰이기도 한다.

· 任重而道遠 : 소임은 무겁고 길은 멀다.

· 人不知而不慍 不亦君子乎 : 남이 알아 주지 않더라도 성내지 않는다면 또한 군자가
아니겠는가.

· 人而不仁 如禮何 : 사람으로서 인(仁)하지 않으면 예를 어떻게 하리오.

· 十人而從一人者 寧力不勝 智不若耶 : 열 사람이면서도 한 사람을 따르는 것이 어
찌 힘이 (그를) 능가하지 못하고 지혜가 (그만) 못해서이겠는가.

· 由孔子而來 至於今 百有餘歲 : 공자 이래로(부터) 지금에 이르기까지 백여 년이 되
었다.

· 已而 相如出 : 얼마 지나서(이윽고) 인상여가 외출했다.

· 而忘越人之殺而父耶 : 너는 월나라 사람이 너의 아버지를 죽인 것을 잊었는가?

◎ 문장의 형식

1. 평서문(平敍文)

어떤 사실을 있는 그대로 서술하여 나타내는 문장으로 문장 끝에 '也' '矣' 등의 종결사를 사용하기도 한다.

· 花開 : 꽃이 피다

· 杜甫 詩聖 : 두보는 시성(詩聖)이다.

· 農夫耕田 : 농부가 밭을 간다.

· 馬今至矣 : 말들이 이제 올 것이다.

· 我是天帝之子 : 나는 천제(天帝)의 아들이다.

· 孔子問禮於老子 : 공자가 노자에게 예를 묻다.

· 孝 百行之本也 : 효는 모든 행실의 근본이다.

2. 부정문(否定文) [1]

어떤 동작이나 상태 혹은 사물을 부정하는 뜻을 나타내는 문장으로 '不' '非' '弗' '未' '無' '莫' 등의 부정사를 사용한다.

· 一日之狗 不知畏虎 : 하룻강아지 범 무서운 줄 모른다.

· 自招其禍 非天降殃 : 스스로 화를 부르는 것이요, 하늘이 재앙을 내린 것은 아니다.

· 其人 弗能應也 : 그 사람은 대답할 수가 없었다.

· 未有仁而遺其親者也 : 어질면서 그 어버이를 버리는 사람은 없다.

· 君子食無求飽 居無求安 : 군자는 먹을 때 배부름을 구하지 않고, 거처함에 편안함

을 구하지 않는다.

· 諸將皆莫信 : 여러 장수들이 모두 믿지 않았다.

3. 부정문(否定文) [2]

'無不' '非不' '莫不' '不可不' '未嘗不' '無~不…' 등과 같이 이중으로 부정하여, 강조 또는 강한 긍정의 뜻을 나타내기도 한다.

· 吾矛之利 於物 無不陷也 : 내 창의 날카로움은 물건에 대해 뚫지 못하는 것이 없다.

· 非不說子之道 力不足也 : 선생님의 도를 좋아하지 않는 것은 아니나 힘이 부족합니다.

· 人莫不飮食也 鮮能知味也 : 사람이 마시고 먹지 않는 자가 없지만 맛을 알 수 있는 자는 드물다

· 父母之年 不可不知矣 : 부모님의 연세는 몰라서는 안 된다.

· 每讀其傳 未嘗不想見其人 : 매양 그 전(傳)을 읽을 적마다 일찍이 그 사람을 상상해 보지 않은 적이 없었다.

· 無木不枯 : 시들지 않는 나무는 없다.

4. 부정문(否定文) [3]

'不必' '不常' 등과 같이 조건을 나타내는 부사와 함께 쓰여 부분적으로만 부정하는 뜻을 나타내기도 한다.

· 弟子不必不如師 : 제자가 반드시 스승만 못한 것은 아니다.

· 仁者必有勇 勇者不必有仁 : 어진 사람은 반드시 용기가 있지만, 용감한 사람이 반

드시 인(仁)이 있는 것은 아니다.

· 車胤家貧 不常得油 : 차윤은 집안이 가난하여 항상 기름을 얻지는 못하였다.

· 千里馬常有 而伯樂不常有 : 천리마는 항상 있지만 백락이 항상 있는 것은 아니다.

5. 금지문(禁止文)

'~하지 마라'라는 금지의 뜻을 나타내는 문장으로, '勿' '無' '莫' '毋' 등의 금지사를 사용한다.

· 己所不欲 勿施於人 : 자기가 하고자 하지 않는 것을 남에게 시키지 마라.

· 無友不如己者 : 자기만 못한 사람과 벗하지 마라.

· 莫多飮酒 : 술을 많이 마시지 마라.

· 臨財 毋苟得 臨難 毋苟免 : 재물에 임해서는 구차하게 얻으려 하지 말고, 환난에 임해서는 구차하게 벗어나려 하지 마라.

6. 의문문(疑問文) [1]

의문의 뜻을 나타내는 문장으로, '誰' '孰' '何' '安' '惡' '胡' '奚' 등의 의문사를 사용한다.

· 漢陽中 誰最富 : 한양 안에서 누가 가장 부유한가?

· 創業與守成 孰難 : 창업과 수성은 어느 것이 어려운가?

· 客何好 : 객은 무엇을 좋아하는가?

· 子將安之 : 그대는 장차 어디로 가려 하는가?

· 敢問夫子惡乎長 : 감히 묻건대 선생님께선 어디에 장점이 있으십니까?

· 上胡不法先王之法 : 임금께선 어찌하여 선왕의 법을 본받지 않으십니까?

· 子將奚先 : 선생님께선 장차 무엇을 먼저 하시렵니까?

7. 의문문(疑問文) [2]
'乎' '耶' '邪' '歟' '與' '諸' 등의 의문종결사를 사용하여 의문의 뜻을 나타내기도
한다.

· 君子亦有窮乎 : 군자도 곤궁함이 있습니까?

· 而忘越人之殺而父耶 : 너는 월나라 사람이 너의 아버지를 죽인 것을 잊었는가?

· 將軍怯邪 : 장군은 겁나는가?

· 子非三閭大夫歟 : 그대는 삼려대부가 아닌가?

· 管仲 非仁者與 : 관중은 어진 사람이 아닙니까?

· 堯以天下與舜 有諸 : 요 임금이 천하를 순 임금에게 넘겨 주었다는데 그런 사실이
있습니까?

8. 의문문(疑問文) [3]
'何~乎' '何~也' '奚~也' 등과 같이 의문사와 의문 종결사를 함께 사용하기도 하
며 '何如' '如何' 등의 숙어를 사용하여 의문의 뜻을 나타내기도 한다.

· 汝何不受乎 : 너는 어째서 받지 않는가?

· 何前倨而後恭也 : 어찌하여 앞서는 거만했다가 나중에는 공손하느냐?

· 奚固辭也 : 어찌하여 굳이 사양하는가?

· 以子之矛 陷子之盾 何如 : 그대의 창으로 그대의 방패를 찌르면 어떻게 되는가?

· 吳起 何如人也：오기는 어떤 사람인가?

· 諸君以爲如何：여러분들은 어떻게 생각하는가?

9. 반어문(反語文) [1]

어떤 사실을 강조하거나 동의를 구하기 위하여 반문(反問)하는 뜻을 나타내는 문장으로 외형상 의문문과 차이는 없으나 대답을 요구하지 않는다는 점이 다르다. '何' '安' '惡' '焉' '胡' 등의 의문사를 사용한다.

· 精神一到 何事不成：정신을 하나로 모으면 무슨 일인들 이루지 못하리오.

· 來言不善 去言何美：오는 말이 곱지 않거늘 가는 말이 어찌 고우랴.

· 蛇固無足 子安能爲之足：뱀은 본디 발이 없거늘 그대가 어찌 발을 그릴 수 있는가.

· 以小易大 彼惡知之：작은 것으로 큰 것과 바꿨으니 그들이 어찌 그것을 알리오.

· 割鷄 焉用牛刀：닭 잡는 데 어찌 소 잡는 칼을 쓰리오.

· 田園將蕪 胡不歸：전원이 장차 황폐해지려 하거늘 어찌 돌아가지 않으리오.

10. 반어문(反語文) [2]

의문사와 종결사를 함께 쓰기도 하며 '豈' '寧' '庸' 등의 반어부사나 '不亦～乎' 등의 구문을 사용하기도 한다.

· 彼丈夫也 我丈夫也 吾何畏彼哉：그도 장부이고 나도 장부인데, 내가 어찌 그를 두려워하리오.

· 燕雀 安知鴻鵠之志哉：제비와 참새가 어찌 기러기와 고니의 뜻을 알겠는가.

· 我豈能爲五斗米 折腰向鄕里小兒耶：내가 어찌 다섯 말 곡식 때문에 시골의 어린

애에게 허리를 굽힐 수 있겠는가.

· 豈有朝爲梁將 暮爲唐臣乎 : 어찌 아침에는 양나라 장수가 되었다가 저녁에는 당나라 신하가 됨이 있겠는가.

· 矢人豈不仁於函人哉 : 화살 만드는 사람이 어찌 갑옷 만드는 사람보다 어질지 않으리오.

· 王侯將相 寧有種乎 : 임금과 제후, 장군과 정승이 어찌 씨(혈통)가 있겠는가.

· 吾師道也 夫庸知其年之先後生於吾乎 : 나는 도를 스승으로 삼는 것이니 저 어찌 그 나이가 나보다 먼저 났는지 뒤에 났는지를 따지겠는가.

· 學而時習之 不亦說乎 : 배우고 수시로 익히면 또한 즐겁지 아니한가.

11. 사역문(使役文)
어떤 사람(사물)이 다른 사람(사물)으로 하여금 어떤 동작을 하게 하는 뜻을 나타내는 문장으로 '使' '令' '敎' '遣' '俾' 등 사역의 뜻을 지닌 동사를 사용하며, '命' '勸' 등의 동사도 의미상 사역의 뜻을 지니게 한다. 또한 이러한 동사들을 사용하지 않더라도 문맥상 사역의 뜻을 지니는 경우도 있다.

· 韓信襲趙 先使萬人 背水而陣 : 한신이 조나라를 습격할 때 먼저 만인(萬人)으로 하여금 물을 등지고 진을 치게 했다.

· 春月色令人喜 秋月色令人悲 : 봄의 달빛은 사람을 기쁘게 하고, 가을의 달빛은 사람을 슬프게 한다.

· 遂敎方士殷勤覓 : 드디어 방사(方士)로 하여금 은근히 찾아보게 하였다.

· 遣婢買肉而來 : 계집종을 보내 고기를 사 가지고 오게 하였다.

· 命丞相輔太子 : 승상에게 명하여 태자를 보필하게 하였다.

· 呂蒙初不學 孫權勸蒙讀書 : 여몽이 처음에는 배우지 않았는데, 손권이 여몽에게 권

하여 글을 읽게 하였다.

· 管仲相桓公 覇諸侯 : 관중이 환공을 도와 제후들의 우두머리가 되게 하였다.

12. 피동문(被動文)

어떤 사람(사물)이 다른 사람(사물)에 의해 어떤 동작을 받게 되는 뜻을 나타내는 문장으로 '見' '被' 등의 조동사나 '爲~所…' '見… 於~' 등을 사용하며 동사 뒤에 행위의 주동자를 나타내는 '於' '乎' 등을 사용하기도 한다.

· 匹夫見辱 拔劍而起 : 필부는 욕을 당하면 칼을 빼들고 일어난다.

· 幼被慈母三遷之敎 : 어려서 자애로운 어머님이 세 번이나 이사하시던 가르침을 받았다.

· 兎不可復得 而身爲宋國笑 : 토끼를 다시 얻을 수는 없었고 자신은 송나라의 웃음거리가 되었다.

· 勞心者治人 勞力者治於人 : 마음을 쓰는 사람은 남을 다스리고, 힘을 쓰는 사람은 남에게 다스림을 받는다.

· 不信乎朋友 不獲於上矣 : 벗에게 미더움을 받지 못하면 윗사람에게 (신임을) 얻지 못한다.

· 好憎人者 亦爲人所憎 : 남을 미워하기 좋아하는 사람은 역시 남들에게 미움을 받는다.

· 吾嘗三仕 三見逐於君 : 내가 일찍이 세 번 벼슬했으나 세 번 다 임금에게 쫓겨났다.

13. 비교문(比較文) [1]

어떤 것을 다른 것과 비교하여 그 상태나 성질의 정도 또는 우열(優劣)을 나타내는 문장으로 '於' '乎' '如' '若' 등을 사용하며 '不' '莫' 등의 부정사와 함께 쓰기도 한다.

· 靑出於藍而靑於藍 : 푸른 물감은 쪽풀에서 나왔지만 쪽풀보다 더 푸르다.

· 其聞道也 固先乎吾 吾從而師之 : 그가 도를 들은 것이 진실로 나보다 먼저라면 나는 그를 따라 스승으로 섬길 것이다.

· 百聞不如一見 : 백 번 듣는 것이 한 번 보는 것만 못하다.

· 力不若牛 走不若馬 : 힘은 소만도 못하고, 달리는 것은 말만도 못하다.

· 交友之道 莫如信義 : 벗을 사귀는 도는 신의만한 것이 없다.

· 衣莫若新 人莫若故 : 옷은 새 것만한 것이 없고, 사람은 옛 사람만한 자가 없다.

· 天下之水 莫大於海 : 천하의 물은 바다보다 큰 것이 없다.

14. 비교문(比較文) [2]

'與其~不如' '與其~不若' '與其~寧' '與其~孰若' '與其~豈若' '與其~無寧' '孰與' '寧' 등의 구문을 사용하여 비교 · 선택의 뜻을 나타내기도 한다.

· 與其生而無義 固不如烹 : 살아서 의가 없는 것은 진실로 삶겨 죽느니만 못하다.

· 與其富而畏人 不若貧而無屈 : 부유하면서 남을 두려워하는 것은 가난하지만 비굴하지 않은 것만 못하다.

· 禮與其奢也 寧儉 : 예는 호사스럽게 하는 것보다 차라리 검소하게 하는 것이 낫다.

· 與其有樂於身 孰若無憂於其心 : 육신에 즐거움이 있는 것이 어찌 그 마음에 근심

이 없는 것만 하겠는가.

· 且而與其從辟 人之士也 豈若從 辟世之士哉 : 또한 네가 사람을 피하는 선비를 따르는 것이 어찌 세상을 피하는 선비를 따르는 것만 하겠는가.

· 與其死於臣之手也 無寧死於二三子之手乎 : 가신(家臣)의 손에 죽기보다는 차라리 너희들의 손에서 죽는 것이 낫지 않겠는가.

· 惟坐而待亡 孰與伐之 : 오직 앉아서 망하기를 기다리는 것이 그를 정벌하는 것만 하겠는가.

· 寧爲雞口 無爲牛後 : 차라리 닭의 주둥이가 될지언정 소 꽁무니가 되지는 마라.

<h2>15. 가정문(假定文) 〔1〕</h2>

어떤 조건을 전제로 가정하여 그 예상되는 결과를 서술하는 문장으로 '若' '如' '苟' '使' '雖' '縱' '微' 등의 가정을 나타내는 부사를 사용한다.

· 春若不耕 秋無所望 : 봄에 만약 밭을 갈지 않으면, 가을에 바랄 것이 없다.

· 如詩不成 罰依金谷酒數 : 만약 시가 이루어지지 않으면, 벌은 금곡원의 벌주 수에 따르겠다.

· 苟非吾之所有 雖一毫而莫取 : 진실로 나의 소유가 아니라면 터럭 하나라도 취하지 말 것이다.

· 使武安侯在者 族矣 : 만약 무안후가 살아 있다면 멸족시켰을 것이다.

· 若使吾値五代六朝 亦當爲輪遞天子 : 만약 내가 오대육조(五代六朝) 시대를 만났더라면 또한 마땅히 돌림천자가 되었을 것이다.

· 國雖大 好戰 必亡 : 나라가 비록 크더라도 전쟁을 좋아하면 반드시 망한다.

· 縱江東父兄 憐而王我 我何面目 見之 : 설사 강동의 부형들이 불쌍히 여겨 나를 왕으로 삼는다 할지라도 내가 무슨 면목으로 그들을 보겠는가.

· 微管仲 吾其被髮左衽矣：관중이 아니었다면 우리들은 머리를 풀고 옷깃을 왼쪽으로 하게 되었을 것이다.

16. 가정문(假定文) 〔2〕

'則' '卽' 등의 접속사를 사용하며 가정을 나타내는 부사와 함께 쓰기도 한다. 또한 이들 글자를 사용하지 않고도 의미상 가정의 뜻을 갖는 경우도 있다.

· 學而不思則罔 思而不 學則殆：배우기만 하고 생각하지 않으면 사리에 어둡고, 생각만 하고 배우지 않으면 위태롭다.
· 賤卽買 貴卽賣：값이 싸면 사고 값이 비싸지면 판다.
· 如有能信之者 則不遠秦楚之路矣：만약 그것을 펼 수 있는 자가 있다면 진나라와 초나라 사이의 길도 멀다고 여기지 않을 것이다.
· 儻或過 則宜速改之：만약 혹시 잘못했거든 마땅히 빨리 그것을 고쳐야 한다.
· 不入虎穴 不得虎子：호랑이굴에 들어가지 않으면 호랑이 새끼를 얻지 못한다.
· 事雖小 不作不成 子雖賢 不敎不明：일이 비록 작더라도 하지 않으면 이루어지지고, 자식이 비록 현명해도 가르치지 않으면 총명해지지 않는다.
· 朝聞道 夕死可矣：아침에 도를 들으면 저녁에 죽어도 좋다.
· 知彼知己 百戰不殆：남을 알고 자기를 알면 백 번 싸워도 위태롭지 않다.

17. 한정문(限定文) [1]

어떤 사물이나 행위의 범위 또는 정도를 한정하는 뜻을 나타내는 문장으로 '唯' '惟' '但' '只' '獨' '特' '直' '徒' 등 한정을 나타내는 부사를 사용한다.

· 唯仁者 能好人 能惡人 : 오직 어진 사람만이 사람을 좋아할 수 있고 미워할 수 있다.

· 無恒産而有恒心者 惟士爲能 : 일정한 생업이 없으면서도 변치 않는 마음을 지니는 것은 오직 선비만이 할 수 있다.

· 空山不見人 但聞人語響 : 빈 산에 사람은 보이지 않고 단지 사람 말소리 울림만 들린다.

· 雖有名馬 只辱於奴隷人之手 : 비록 명마가 있을지라도 단지 노예의 손에 욕을 당한다.

· 人皆有兄弟 我獨亡 : 남들은 모두 형제가 있거늘 나만 홀로 없도다.

· 曹參雖有野戰略地之功 此特一時之事 : 조참이 비록 야전에서 땅을 공략한 공이 있지만 이것은 단지 한때의 일이다.

· 强秦之所以不敢加兵於趙者 徒以吾兩人在也 : 강한 진나라가 감히 조나라를 쳐들어오지 못하는 것은 다만 우리 두 사람이 있기 때문이다.

18. 한정문(限定文) [2]

'耳' '爾' '而已' '焉耳矣' '而已矣' 등의 종결사를 사용하며 한정을 나타내는 부사와 함께 쓰기도 한다.

· 此在兵法 顧諸君不察耳 : 이것은 병법에 있거늘 도리어 여러분들이 살피지 못했을 뿐이다.

· 翁曰 無他 但手熟爾：노인이 말하기를 "다른 것은 없고 단지 손에 익숙할 따름이다"라고 하였다.

· 我知種樹而已 官理非吾業也：나는 나무 심는 것만 알 뿐이지 관리가 백성을 다스리는 것은 나의 직업이 아니다.

· 寡人之於國也 盡心焉耳矣：과인은 나라에 대해 마음을 다하였을 따름이다.

· 學問之道 無他 求其放心而已矣：학문의 도는 다름이 아니라 잃어버린 마음을 찾는 것일 따름이다.

· 寡人非能好先王之樂也 直好世俗之樂耳：과인은 선왕의 음악을 좋아하는 것이 아니라, 다만 세속의 음악을 좋아할 따름이다.

· 孟嘗君 特雞鳴狗盜之雄耳：맹상군은 단지 닭울음 소리나 내고 개처럼 훔치기나 하는 무리의 우두머리일 뿐이다.

19. 한정문(限定文) [3]
한정을 나타내는 부사 앞에 부정사나 의문사가 오면 '~할 뿐만 아니라, …하기도 하다'라는 뜻을 나타낸다.

· 非獨賢者有是心也 人皆有之：유독 어진 사람만이 이런 마음을 가지고 있는 것이 아니라, 사람은 모두 이것을 가지고 있다.

· 非但君當知臣 臣亦當知君：단지 임금이 마땅히 신하를 알아야 할 뿐만 아니라, 신하도 역시 마땅히 임금을 알아야 한다.

· 非徒危己也 又且危父矣：단지 자기를 위험하게 할 뿐만 아니라, 또한 장차 부친도 위험하게 될 것이다.

· 所盜者 豈獨其國耶：도둑질한 것이 어찌 유독 그 나라뿐이겠는가.

· 豈惟不容於朝廷 亦見棄於鄕里：어찌 오직 조정에만 용납되지 못할 뿐이리오. 또

한 향리에서도 버림을 받을 것이다.

· 豈徒齊民安 天下之民擧安 : 어찌 단지 제나라 백성들만이 편안해질 뿐이겠는가. 천하의 백성들이 모두 편안해질 것이다.

· 豈止夸一時榮一鄕哉 : 어찌 다만 한때에 과시하고 한 고을에 영화로울 뿐이겠는가.

20. 억양문(抑揚文)

정도가 낮은 것부터 먼저 서술한 다음 어조를 높혀 강조하는 뜻을 나타내는 문장으로 '況~乎' '尙~況…乎' '猶~況…乎' '且~況…乎' '且~安…哉' 등을 사용한다.

· 富貴則親戚懼之 貧賤則輕易之 況衆人乎 : 부귀하면 친척도 두려워하고 빈천하면 업신여기거늘 하물며 보통 사람이랴.

· 臣以爲布衣之交 尙不相欺 況大國乎 : 신이 생각컨대 평민들의 교제도 오히려 서로 속이지 말아야 하는데 하물며 큰 나라에 있어서이겠습니까.

· 蔓草猶不可除 況君之寵弟乎 : 덩굴풀도 오히려 제거할 수가 없거늘 하물며 임금님의 총애하는 동생이랴.

· 死馬且買之 況生者乎 : 죽은 말도 샀거늘 하물며 산 것이랴.

· 臣死且不避 卮酒安足辭 : 신(臣)은 죽음조차도 피하지 않거늘 치주(卮酒)를 어찌 사양하리오.

21. 감탄문(感鄭文) [1]

어떤 상황이나 사실에 대해 찬미·증오·환희·비애 등의 감정을 나타내는 문장으로 '噫' '惡' '嗚呼' '嗟乎' '於乎' '嗟夫' 등의 감탄사를 사용한다.

· 噫 天喪子 天喪子 : 아아! 하늘이 나를 버리셨구나. 나를 버리셨구나.

· 惡 是何言也 : 아아! 이 무슨 말인가.

· 嗚呼 孰知賦斂之毒 有甚是蛇者乎 : 아아! 누가 조세 징수의 혹독함이 이 뱀보다 심함이 있을 줄 알겠는가.

· 嗟乎 師道之不傳也 久矣 : 아아! 사도(師道)가 전해지지 않은 지가 오래 되었도다.

· 死生決矣 於乎 歸矣 : 삶과 죽음이 결정되었으니, 아아! 돌아가세요.

· 嗟夫 使六國各愛其人 則足以拒秦 : 아아! 만약 육국(六國)이 각기 그 백성들을 사랑했다면, 충분히 진나라에 항거할 수 있었을 것이다.

22. 감탄문(感歎文) 〔2〕

'矣' '哉' '乎' '夫' '~矣… 也' '~哉… 也' 등의 종결사를 사용하며 감탄사와 함께 쓰이기도 한다.

· 久矣 吾不復夢見周公 : 오래 되었도다! 내가 다시 꿈속에서 주공을 보지 못한 지가.

· 大哉 堯之爲君 : 위대하도다! 요가 임금됨이여.

· 天乎 吾無罪 : 하늘이시여! 저는 죄가 없습니다.

· 逝者如斯夫 不舍晝夜 : 가는 것이 이와 같구나! 밤낮을 쉬지 않는구나.

· 甚矣 吾衰也 : 심하도다! 나의 쇠함이여.

· 回也 不改其樂 賢哉 回也 : 안회는 그 즐거움을 바꾸지 않았으니, 훌륭하구나! 안회여.

· 嗚呼 惜哉 : 아아! 애석하구나.

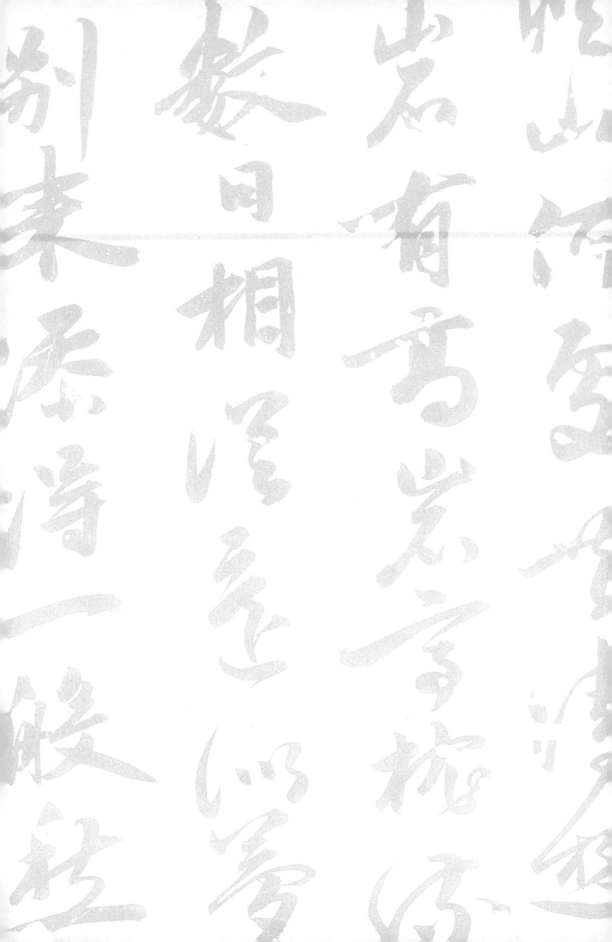

四字成語

苛斂誅求(가렴주구)	조세 따위를 가혹하게 거두어들여, 백성을 못살게 들볶음.
刻骨難亡(각골난망)	(입은 은혜에 대한 고마움이) 뼈에 깊이 사무쳐 결코 잊히지 아니함.
刻舟求劍(각주구검)	배에서 물 속에 빠뜨린 칼을 찾으려고, 빠뜨린 자리를 뱃전에 표시해 놓았다가 나중에 그 표시를 보고 칼을 찾으려 했다는 고사에서 나온 것으로 '어리석고 미련하여 융통성이 없음'이르는 말.
肝膽相照(간담상조)	서로 속마음을 터놓고 가까이 사귐
甘言利說(감언이설)	남의 비위를 맞추는 달콤한 말과 이로운 조건만 들어 그럴듯하게 꾸미는 말
甘呑苦吐(감탄고토)	달면 삼키고 쓰면 뱉는다는 뜻으로 제 비위에 맞으면 좋아하고 맞으면 싫어함을 이르는 말
甲男乙女(갑남을녀)	신분이나 이름이 특별히 알려지지 아니한 평범한 보통 사람들을 이르는 말
乾坤一擲(건곤일척)	운명을 걸고 단판걸이로 승부를 겨룸.
牽强附會(견강부회)	가당치도 않은 말을 억지로 끌어다대어 이치에 맞도록 함.
犬馬之勞(견마지로)	개나 말 정도의 하찮은 힘이란 뜻으로 윗사람을 위하여 바치는 자기의 노력을 겸손하게 이르는 말
見物生心(견물생심)	물건을 보면 그것을 가지고 싶은 욕심이 생김.
犬猿之間(견원지간)	개와 원숭이의 사이라는 뜻으로 서로 사이가 나쁜 두 사람의 관계를 비유하여 이르는 말
犬兔之爭(견토지쟁)	개와 토끼의 다툼이란 뜻으로 두 사람의 싸움에서 제삼자가 이익을 봄을 뜻하는 말
結者解之(결자해지)	'맺은 사람이 풀어야 한다'는 뜻으로 일을 저지른 사람이 그 일을 해결해야 함을 이름.
結草報恩(결초보은)	은혜를 입은 사람의 아버지가 혼령이 되어 풀 포기를 묶어 놓아 적이 걸려 넘어지게 함으로써 은인을 구해 주었다는 고사에서 나온 말로 죽어 혼령이 되어서라도 은혜를 갚는다는 뜻
輕擧妄動(경거망동)	경솔하게 함부로 행동함.

傾國之色(경국지색)	임금이 혹하여 국정을 게을리 함으로써 나라를 위태롭게 할 정도로 썩 뛰어난 미녀
鷄鳴狗盜(계명구도)	중국 전국시대 맹상군(孟嘗君)의 식객(食客)들이 닭울음 소리와 좀도둑질로 맹상군을 위기에서 구했다는 고사에서 나온 말로 점잖은 사람은 배울 것이 못되는 천한 기능 또는 하찮은 재주도 쓰일 데가 있다는 말
姑息之計(고식지계)	근본적인 해결책이 아닌 임시변통의 계책
孤掌難鳴(고장난명)	외손뼉은 울릴 수 없다는 뜻으로 혼자서는 일을 이루지 못함을 이르는 말
苦盡甘來(고진감래)	쓴 것이 다하면 단 것이 온다는 뜻으로 고생 끝에 낙이 옴을 이르는 말
曲學阿世(곡학아세)	바른 길에서 벗어난 학문으로 시세(時勢)나 권력자에게 아첨하여 인기를 얻으려는 언행을 함.
骨肉相爭(골육상쟁)	혈연 관계에 있는 사람끼리 서로 해치며 싸우는 일 또는 같은 민족끼리 해치며 싸우는 일
寡聞淺識(과문천식)	견문이 적고 학식이 얕음.
過猶不及(과유불급)	지나침은 미치지 못함과 같다는 뜻으로 중용(中庸)이 중함을 이르는 말
管鮑之交(관포지교)	관중(管仲)과 포숙(鮑叔)의 사귐이 매우 친밀하였다는 고사에서 나온 것으로 매우 친한 친구사이의 사귐을 이르는 말
刮目相待(괄목상대)	눈을 비비고 다시 봄. 주로 손아랫사람의 학식이나 재주가 놀랍도록 향상된 경우에 이를 놀라워 하는 뜻으로 쓰임.
矯角殺牛(교각살우)	쇠뿔을 바로잡으려다가 소를 죽인다는 뜻으로 결점이나 흠을 고치려다가 수단이 지나쳐서 도리어 일을 그르침을 이르는 말
敎外別傳(교외별전)	선종(禪宗)에서 석가모니가 말이나 문자를 쓰지 않고 마음으로써 심원한 뜻을 전하여 준 일을 이름.
膠柱鼓瑟(교주고슬)	기러기발을 아교로 붙여 놓고 거문고를 탐. '柱'는 현악기의 줄 밑에 괴어 소리를 조절하는 '기러기발'로 이것을 고착시켜 버리면 한 가지 소리밖에 나지 않으므로 '변통성이 없이 소견이 꽉 막힌 사람'을 이르는 말

口蜜腹劍 (구밀복검)	입으로는 달콤한 말을 하면서 뱃속에는 칼을 지녔다는 뜻으로 '겉으로는 친절한 체하나 속으로는 해칠 생각을 지님'을 비유하여 이르는 말
九死一生 (구사일생)	여러차례 죽을 고비를 겪고 겨우 살아남
口尙乳臭 (구상유취)	입에서 아직 젖내가 난다는 뜻으로 '말이나 하는 짓이 유치함'을 이르는 말
九牛一毛 (구우일모)	여러 마리의 소의 털 중에서 한 가닥의 털이라는 뜻으로 '아주 작은 것'을 이르는 말
九折羊腸 (구절양장)	꼬불꼬불하게 서린 양의 창자라는 뜻으로 '산길 따위가 몹시 꼬불꼬불한 것'을 이르는 말
群鷄一鶴 (군계일학)	닭의 무리 속에 있는 한 마리의 학이라는 뜻으로 평범한 사람 가운데에서 뛰어난 한 사람을 비유하여 이르는 말
捲土重來 (권토중래)	흙을 말아(흙먼지를 날리며) 다시 온다는 뜻으로 한 번 패하였다가 힘을 돌이켜 다시 쳐들어오거나 어떤 일에 실패한 뒤에 힘을 가다듬어 다시 시작함을 이르는 말
近墨者黑 (근묵자흑)	먹을 가까이하면 검어진다는 뜻으로 나쁜 사람을 가까이하면 물들기 쉬움을 이르는 말
金科玉條 (금과옥조)	금옥과 같은 법률이란 뜻으로 소중히 여기고 꼭 지켜야 할 법률을 이르는 말
金蘭之契 (금란지계)	둘이 합심하면 그 단단하기가 능히 쇠를 자를 수 있고 우정의 아름다움은 난의 향기와 같다는 뜻으로 친구 사이의 매우 두터운 사귐을 이르는 말
錦上添花 (금상첨화)	비단위에 꽃을 보탠다는 뜻으로 좋은 일에 또 좋은 일이 생기는 것을 이르는 말
今昔之感 (금석지감)	지금과 옛적을 비교할 때 차이가 너무 심하여 일어나는 느낌을 이르는 말
錦衣夜行 (금의야행)	비단옷을 입고 밤길을 걷는다는 뜻으로 아무 보람이 없는 행동을 자랑스러워함을 이르는 말
錦衣還鄕 (금의환향)	비단옷을 입고 고향에 돌아온다는 뜻으로 성공하여 고향으로 돌아옴을 이르는 말

騎虎之勢(기호지세)	범을 타고 달리는 사람이 도중에서 내릴 수 없는 것처럼 도중에서 그 만두거나 물러날 수 없이 내친 형세를 이르는 말
落花流水(낙화유수)	떨어지는 꽃과 흐르는 물이라는 뜻으로 가는 봄의 情景(정경)을 나타내는 말
難兄難弟(난형난제)	누구를 형이라 하고 누구를 아우라 할지 분간하기 어렵다는 뜻으로 누가 더 낫다고 할 수 없을 정도로 둘이 서로 비슷함.
南柯一夢(남가일몽)	중국 唐(당)나라 때에 이공좌(李公佐)가 쓴 소설「남가기(南柯記)」에서 유래한 말로 덧없는 꿈 또는 덧없는 부귀 영화를 이름. 순우분(淳于棼)이 홰나무 밑에서 낮잠을 자다가 꿈에 대괴안국(大槐安國) 왕의 사위가 되어 20년 동안 남가군(南柯郡)의 태수로서 지극한 영화를 누렸는데 꿈을 깨어 나무 밑을 보니 두 개의 개미굴이 있어 하나는 왕개미가 살고 있고 하나는 남쪽으로 난 나뭇가지쪽을 향하고 있더라는 줄거리임.
南男北女(남남북녀)	우리 나라에서 예로부터 일러오는 말로 여자는 북부지방에 잘난 사람이 많다는 뜻
男負女戴(남부여대)	남자는 짐을 등에 지고 여자는 짐을 머리에 인다는 뜻으로 가난한 사람이나 재난을 당한 사람들이 살 곳을 찾아 이리저리 떠돌아다님을 이르는 말
囊中之錐(낭중지추)	주머니 속의 송곳이란 뜻으로 유능한 사람은 숨어 있어도 자연히 그 존재가 드러나게됨을 비유하여 이르는 말
勞心焦思(노심초사)	애를 쓰고 속을 태움. 몹시 애를 태움.
論功行賞(논공행상)	공적의 유무·대소를 논결(論決)하여 각각 거기에 알맞은 상을 내림.
弄瓦之慶(농와지경)	딸을 낳은 경사. 옛날 딸을 낳으면 실패(瓦)를 장난감으로 준 고사에서 나온 말
累卵之勢(누란지세)	포개 놓은 알처럼 몹시 위태로운 형세
多岐亡羊(다기망양)	달아난 양을 찾다가 길이 여러 갈래로 갈려 양을 잃었다는 고사에서 나온 말로 학문의 길이 다방면이어서 진리를 깨치기 어려움을 뜻하

거나 또는 방침이 많아서 어찌할 바를 모름을 뜻함.

多多益善(다다익선)　　　많으면 많을수록 더욱 좋음

斷金之交(단금지교)　　　쇠붙이도 자를 수 있는 교제라는 뜻으로 매우 친밀한 우정이나 교제를 이르는 말

斷機之戒(단기지계)　　　맹자(孟子)가 수업 도중에 집으로 돌아왔을 때 어머니가 짜고 있던 베틀의 날실을 자르면서 훈계했다는 고사에서 나온 말로 학문은 중도에 그만둠이 없이 꾸준히 계속해야 한다는 가르침.

簞食瓢飮(단사표음)　　　도시락 밥과 표주박의 물이라는 뜻으로 변변찮은 음식 또는 청빈(淸貧)한 생활을 이르는 말

大器晚成(대기만성)　　　큰 솥이나 큰 종 같은 것을 주조(鑄造)하는 데는 시간이 오래 걸리듯이 사람도 크게 될 사람은 늦게 이루어진다는 말

大同小異(대동소이)　　　거의 같고 조금 다름

道不拾遺(도불습유)　　　길에 떨어진 것도 줍지 않는다는 뜻으로 생활에 여유가 생기고 믿음이 차 있는 세상의 아름다운 풍속을 이르는 말

獨不將軍(독불장군)　　　혼자서는 장군이 못된다는 뜻으로 모든 일은 함께 도와서 해야 함을 이르는 말. 또는 남의 의견을 묵살하고 저 혼자 모든 일을 처리하는 사람이나 따돌림을 받는 외톨이를 이름.

同價紅裳 (동가홍상)　　　같은 값이면 다홍치마라는 뜻으로 이왕이면 보기 좋은 것을 골라 가진다는 뜻

同工異曲(동공이곡)　　　음악의 기량이나 시문(詩文)의 기교 등의 솜씨는 같으나 표현된 형식이나 맛은 다름.

東問西答(동문서답)　　　동쪽을 묻는데 서쪽을 대답한다는 뜻으로 묻는 말에 대하여 아주 딴판인 엉뚱한 대답

同病相憐(동병상련)　　　같은 병의 환자끼리 서로 가엾게 여김. 어려운 처지에 있는 사람끼리 동정하고 도움.

杜門不出(두문불출)　　　집 안에만 틀어박혀 세상 밖으로 나다니지 아니함.

得隴望蜀(득롱망촉)	한(漢)나라 광무제(光武帝)가 농(隴)지방을 평정한 뒤에 다시 촉(蜀)지방까지 원하였다는 고사에서 나온 말로 사람의 욕심은 한이 없다는 뜻.
登高自卑(등고자비)	높이 오르려면 낮은 곳에서부터라는 뜻으로 일을 함에는 그 차례가 꼭 필요하다는 말. 지위가 높을수록 스스로 몸을 낮춤.
燈下不明(등하불명)	등잔 밑이 어둡다는 뜻으로 가까이에 있는 것을 오히려 잘 모름을 이르는 말
燈火可親(등화가친)	등불을 가까이하기에 좋다는 뜻으로 가을밤은 서늘해서 불 밑에서 글을 읽기가 좋다는 말
馬耳東風(마이동풍)	말귀에 스치는 봄바람이라는 뜻으로 남의 의견이나 충고의 말을 귀담아 듣지 아니하고 흘려 버림을 이르는 말
莫上莫下(막상막하)	낫고 못하고를 가리기 어려운 만큼 차이가 거의 없음
莫逆之友(막역지우)	서로 마음에 거스름이 없는 친구
亡羊之歎(망양지탄)	달아난 양을 찾다가 길이 여러 갈래로 갈려 마침내 양을 잃고 말았다는 고사에서 나온 것으로 방침이 많아 어찌할 바를 모르는 것을 뜻하는 말
望雲之情(망운지정)	멀리 구름을 바라보며 부모를 생각한다는 뜻으로 부모를 그리워하는 마음을 이르는 말
麥秀之嘆(맥수지탄)	기자(箕子)가 은(殷)이 망한 후에 폐허가 된 그 도읍지에 보리만 부질없이 자라는 것을 보고 한탄했다는 고사에서 나온 말로 멸망한 고국(故國)에 대한 한탄을 이르는 말
面從腹背(면종복배)	겉으로는 복종하는 체하면서 속으로는 배반함
明鏡止水(명경지수)	맑은 거울과 고요한 물이라는 뜻으로 맑고 고요한 심경(心境)을 이르는 말
名實相符(명실상부)	이름과 실상이 꼭 들어맞음.
明若觀火(명약관화)	불을 보듯이 명백함. 뻔함.
毛遂自薦(모수자천)	조(趙)나라에서 초(楚)나라에 구원을 청할 사자를 물색할 때 모수가 스스로 자기를 천거하였다는 고사에서 나온 말로 자기가 자기를 추

천하는 일을 이르는 말

目不識丁(목불식정) 고무래 정(丁)자도 알아보지 못한다는 뜻으로 글자를 전혀 모르거나
그런 사람을 이르는 말

目不忍見(목불인견) 차마 눈뜨고 볼 수 없음.

猫項懸鈴(묘항현령) 고양이 목에 방울 달기란 뜻으로 '실행할 수 없는 헛된 이론'을 이르
는 말

無骨好人(무골호인) 뼈 없이 좋은 사람이라는 뜻으로 '지극히 순하여 남의 비위에 두루 맞
는 사람'을 이르는 말

武陵桃源(무릉도원) 도연명(陶淵明)의 「도화원기(桃花源記)」에 나오는 별천지. 사람들
이 화목하고 행복하게 살 수 있는 이상향(理想鄕)

無所不能(무소불능) 능히 하지 않는 것이 없음. 무엇이든지 다 할 수 있음.

墨翟之守(묵적지수) 중국의 묵적(墨翟)이 성을 잘 지켜 초(楚)나라의 군사를 물리쳤다는
고사에서 나온 말로 자기의 의견이나 주장을 굳게 지킴, 또는 전통이
나 관습을 굳게 지킴을 이르는 말. 묵수(墨守)

刎頸之交(문경지교) 염파(廉頗)와 인상여(藺相如)의 고사에서 나온 말로 생사를 함께할
만큼 절친한 사귐 또는 그런 벗을 이르는 말

門前成市(문전성시) 문 앞에 저자를 이룬다는 뜻으로 찾아오는 사람이 많음을 이르는 말

尾生之信(미생지신) 미생이라는 사람이 여자와 약속을 지키기 위해 다리 밑에서 기다리
다가 물에 휩쓸려 죽었다는 고사에서 나온 말로 미련하고 우직하게
약속을 지키는 것을 이르는 말

拍掌大笑(박장대소) 손뼉을 치며 한바탕 크게 웃음.

反哺之孝(반포지효) 까마귀의 새끼가 자라서 먹이를 물어다가 늙은 어미에게 먹이는 효
성이라는 뜻으로 자식이 자라서 어버이가 길러 준 은혜에 보답하는
효성을 비유하여 이르는 말

拔本塞源(발본색원) 폐단의 근원(根源)을 아주 뽑아서 없애 버림.

坊坊曲曲(방방곡곡) 각처. 도처. 한 군데도 빼놓지 아니한 모든 곳

傍若無人(방약무인) 곁에 아무도 없는 것같이 거리낌없이 함부로 행동함.

背水之陣(배수지진)	중국 한(漢)나라의 한신(韓信)이 조(趙)나라를 공격할 때 물을 등지고 진을 쳤던 고사에서 나온 말로 물러가면 물에 빠지게 되어 필사(必死)의 각오로 적과 싸우게 되므로 목숨을 걸고 싸우는 경우의 비유로 쓰임. 배수진(背水陣)
白骨難忘(백골난망)	죽어 백골이 된다 하여도 은혜를 잊을 수 없음.
百年河淸(백년하청)	황하의 물이 맑아지기를 무작정 기다린다는 뜻으로 아무리 바라고 기다려도 실현될 가망이 없음을 이르는 말
百年偕老(백년해로)	부부가 화락하게 함께 늙음.
白面書生(백면서생)	글만 읽고 세상일에 경험이 없는 사람
伯牙絶鉉(백아절현)	백아(伯牙)가 자기의 거문고 소리를 알아 주던 종자기(鍾子期)가 죽자 거문고의 줄을 끊어버리고 다시는 거문고를 타지 않았다는 고사에서 나온 것으로 자기를 알아 주는 벗의 죽음을 슬퍼함을 비유하여 이르는 말
白衣從軍(백의종군)	벼슬이 없는 사람으로 군대를 따라 싸움터에 나아감
伯仲之勢(백중지세)	서로 어금지금하여 우열을 가리기 어려운 형세
百尺竿頭(백척간두)	백자나 되는 높은 장대 끝이라는 뜻으로 매우 위태롭고 어려운 지경을 이르는 말
變化難測(변화난측)	변화가 몹시 심하여 종잡을 수 없음.
病入膏肓(병입고황)	병이 고황에 들었다는 뜻으로 병이 몸 속 깊이 들어 고치기 어렵게 되었음을 이르는 말
夫婦有別(부부유별)	부부 사이에는 엄격히 지켜야할 인륜(人倫)의 구별이 있음. 오륜의 하나
父子有親(부자유친)	아버지와 아들 사이의 도(道)는 친애(親愛)에 있음을 이르는 말. 오륜(五倫)의 하나
附和雷同(부화뇌동)	아무런 주견이 없이 남의 의견이나 행동에 덩달아 따름.
粉骨碎身(분골쇄신)	뼈가 가루가 되고 몸이 부서진다는 뜻으로 있는 힘을 다하여 노력함을 이르는 말
不俱戴天(불구대천)	하늘을 같이 이지 못한다는 뜻으로 이 세상에서는 함께 살 수 없을 만

한 큰 원한을 이르는 말

不立文字(불립문자)	문자로써 세우지 않는다는 뜻으로 불도(佛道)의 깨달음은 마음에서 마음으로 전해지는 것이지 문자나 말로 전해지는 것이 아니라는 말
不問曲直(불문곡직)	옳고 그름을 묻지 아니함.
不忍之心(불인지심)	차마 어떠한 일을 할 수 없는 마음
不恥下問(불치하문)	학식·지위·나이 따위가 자기보다 아래인 사람에게 묻는 일을 부끄러워하지 아니함.
髀肉之嘆(비육지탄)	유비(劉備)가 말을 타고 천하를 호령하는 몸이 되지 못하고 헛되이 세월만 보내어 넓적다리의 살만 찌게 된 것을 한탄했다는 고사에서 나온 것으로 능력을 발휘하여 보람 있는 일을 하지 못하고 헛되이 세월만 보내는 것을 한탄함을 이르는 말
氷炭之間(빙탄지간)	얼음과 숯처럼 서로 화합할 수 없는 사이
四顧無親(사고무친)	사방을 돌아보아도 친척이 없다는 뜻으로 의지할 만한 데가 전혀 없음을 이르는 말
徙木之信(사목지신)	진(秦)나라 상앙(商鞅)이 수도의 남문(南門)에 세워 둔 장대를 북문까지 옮기는 자에게 상금을 준다는 약속을 하고 그 약속을 지킴으로써 법령의 미더움을 보여 주었다는 고사에서 나온 말로 나라를 다스리는 사람은 백성에 대한 약속을 어기지 않아야 함을 비유하여 이르는 말
四分五裂(사분오열)	여러 갈래로 갈기갈기 찢어짐. 여러 갈래로 분열되어 질서가 없어짐.
駟不及舌(사불급설)	한 번 입 밖에 낸 말은 사마(駟馬 : 수레를 끄는 네 필의 말)도 따라잡을 수 없다는 뜻으로 말을 조심하라는 것을 비유하여 이르는 말
沙上樓閣(사상누각)	모래 위에 세운 높은 건물이란 뜻으로 겉모양은 번듯하나 기초가 약하여 오래 가지 못하는 것 또는 실현 불가능한 일 따위를 비유하여 이르는 말
事必歸正(사필귀정)	어떤 일이든 결국은 옳은 이치대로 돌아옴.
死後藥方文(사후약방문)	때를 놓치고 난 뒤에 기울이는 헛된 노력을 이르는 말
山戰水戰(산전수전)	산에서의 싸움과 물에서의 싸움이라는 뜻으로 세상일의 온갖 고난을 겪은 경험을 이르는 말

山海珍味(산해진미)	산과 바다의 온갖 산물로 차린 음식
殺身成仁(살신성인)	몸을 죽여 인(仁)을 이룸 곧 옳은 일을 위하여 자기 몸을 희생함.
三顧草廬(삼고초려)	촉(蜀)의 유비(劉備)가 제갈량(諸葛亮)의 초옥(草屋)을 세 번 찾아가 간청하여 그를 군사(軍師)로 맞아들인 일에서 인재를 맞아들이기 위해서 여러 번 찾아가서 예를 다하는 일을 이름.
三旬九食(삼순구식)	한 달에 아홉 끼니밖에 못 먹는다는 뜻으로 가난하여 끼니를 많이 거름을 이르는 말
三人成虎(삼인성호)	여러 사람이 거리에 범이 나왔다고 하면 거짓말이라도 참말로 곧이듣게 된다는 뜻으로 근거 없는 말도 여러 사람이 하면 이를 믿게 된다는 말
三遷之敎(삼천지교)	맹자(孟子)의 어머니가 아들의 교육을 위하여 집을 세 번이나 옮긴 일. 어린아이의 교육에는 환경이 매우 중요하다는 뜻으로 쓰임.
相扶相助(상부상조)	서로서로 도움.
桑田碧海(상전벽해)	뽕밭이 변하여 푸른 바다가 된다는 뜻으로 세상일이 덧없이 바뀜을 이르는 말
塞翁之馬(새옹지마)	옛날 변방의 한 늙은이가 기르던 말이 달아났다가 준마 한 필을 데리고 돌아왔는데 그의 아들이 말을 타다가 다리가 부러져 전쟁에 나가지 않게 되어 목숨을 구했다는 고사에서 나온 말로 인생에 있어서의 길흉화복은 항상 바뀌어 미리 헤아릴 수가 없음을 이르는 말
雪上加霜(설상가상)	눈 위에 또 서리가 덮인 격이라는 뜻으로 어려운 일이 연거푸 일어남을 비유하여 이르는 말
小貪大失(소탐대실)	작은 것을 탐내다가 큰 것을 잃음
束手無策(속수무책)	손이 묶인 듯이 어찌할 도리가 없어 꼼짝 못함.
送舊迎新(송구영신)	묵은 해를 보내고 새해를 맞이함.
宋襄之仁(송양지인)	중국 춘추시대 송(宋)나라 양공(襄公)이 쓸데없이 어진 체하다가 싸움에 패하였다는 고사에서 나온 말로 착하기만 하여 쓸데없는 아량을 베풂을 이르는 말
首邱初心(수구초심)	여우가 죽을 때 머리를 제 살던 굴쪽으로 두고 죽는다는 이야기에서

나온 말로 고향을 그리워하는 마음을 비유하여 이르는 말

手不釋卷(수불석권)	손에서 책을 놓지 않음. 늘 글을 읽음.
水魚之交(수어지교)	물과 고기의 사귐이란 뜻으로 매우 친밀하게 사귀어 떨어질 수 없는 사이를 비유하여 이르는 말. 주로 임금과 신하 사이의 친밀함을 이르는 말.
守株待兎(수주대토)	나무 그루터기에 부딪혀 죽은 토끼를 보고 다시 토끼가 걸리기를 마냥 기다렸다는 고사에서 나온 말로 달리 변통할 줄은 모르고 어리석게 한 가지만을 내내 고집함을 비유하여 이르는 말
菽麥不辨(숙맥불변)	콩인지 보리인지를 구별하지 못한다는 뜻으로 사리분별을 못하고 세상 물정을 잘 모름을 이르는 말
脣亡齒寒(순망치한)	입술이 없으면 이가 시리다는 뜻으로 '이해 관계가 서로 밀접하여 한쪽이 망하면 다른 한쪽도 보전하기 어려움'을 비유하여 이르는 말
身言書判(신언서판)	당(唐)나라 때 관리 선발 시험에서 인물의 평가 기준으로 삼았던 몸·말씨·글씨·판단을 이르는 말
心機一轉(심기일전)	어떤 동기에 의하여 지금까지 품었던 생각과 마음의 자세를 완전히 바꿈
心心相印(심심상인)	묵묵한 가운데 마음과 마음이 서로 통함.
十匙一飯(십시일반)	열 사람이 밥을 한 술씩만 보태어도 한 사람이 먹을 밥은 된다는 뜻으로 여러 사람이 힘을 합하면 한 사람쯤은 구제하기 쉽다는 말
十日之菊(십일지국)	국화는 9월 9일이 한창인데 10일이면 때가 늦은 국화라는 뜻으로 기회를 잃었음을 이르는 말
我田引水(아전인수)	제 논에 물대기라는 뜻으로 '자기에게만 이롭게 되도록 생각하거나 행동함'을 뜻하는 말
安貧樂道(안빈낙도)	가난한 생활 가운데서도 편안한 마음으로 도를 즐김.
弱肉强食(약육강식)	약한 것이 강한 것에게 먹힌다는 뜻으로 생존 경쟁의 격렬함을 이르는 말
羊頭狗肉(양두구육)	양의 머리를 내걸어 놓고 실제로는 개고기를 판다는 뜻으로 선전은 버젓하지만 내실이 따르지 못함을 비유하여 이르는 말
梁上君子(양상군자)	들보 위에 있는 군자라는 뜻으로 도둑을 일컫는 말

兩手兼將(양수겸장)	장기에서 한 수로써 두 말이 한꺼번에 장을 부르게 되는 일
兩手執餠(양수집병)	두 손에 떡을 쥐었다는 뜻으로 택일(擇一)하기가 어려움을 이르는 말
漁父之利(어부지리)	황새와 조개가 싸우고 있는 사이에 어부가 쉽게 둘을 다 잡았다는 고사에서 나온 말로 둘이 다투고 있는 사이에 엉뚱한 사람이 이익을 가로챔을 이르는 말
語不成說(어불성설)	말이 조금도 사리에 맞지 않음. 말이 되지 않음.
於異阿異(어이아이)	'어' 다르고 '아' 다르다는 뜻으로 같은 말이라도 하기에 따라 사뭇 달라짐을 이르는 말
言中有骨(언중유골)	예사로운 말 같으나 그 속에 단단한 속뜻이 들어 있음
易地思之(역지사지)	처지를 바꾸어 생각함. 상대편의 처지에서 생각해 봄
緣木求魚(연목구어)	나무에 올라가서 물고기를 잡으려 한다는 뜻으로 도저히 불가능한 일을 굳이 하려 함. 또는 목적을 달성하기 위해 취하는 수단이 잘못을 비유하는 말
拈華微笑(염화미소)	석가가 말없이 연꽃을 들어 대중에게 보였더니 가섭(迦葉)만이 그 뜻을 알아차리고 미소지었다는 데서 '말로하지 않고 마음에서 마음으로 전하는 일'을 뜻함. 拈華示衆(염화시중)
五里霧中(오리무중)	5리에 걸친 깊은 안개 속이라는 뜻으로 어디에 있는지 찾을 길이 막연하거나 갈피를 잡을 수 없음을 이르는 말
吾鼻三尺(오비삼척)	내 코가 석자라는 뜻으로 내 사정이 급하여 남을 돌볼 겨를이 없음을 이르는 말
烏飛梨落(오비이락)	까마귀가 날자 배가 떨어진다는 뜻으로 공교롭게도 어떤 일이 같은 때에 일어나 남의 의심을 받게 됨을 이르는 말
五十步百步(오십보백보)	전쟁에서 오십 보를 달아난 자가 백보를 달아난 자를 보고 비웃지만 달아난 것은 마찬가지라고 한 맹자(孟子)의 말에서 나온 것으로 약간의 차이는 있으나 본질적으로는 같다는 뜻
吳越同舟(오월동주)	원수 사이인 오나라 사람과 월나라 사람이 같은 배를 타게 되었다는 뜻으로 서로 적의(敵意)를 품은 사람끼리 같은 자리나 처지에 있게

된 경우 또는 서로 미워하면서도 공통의 어려움이나 이해에 대해서
는 협력하는 경우를 비유하여 이르는 말

烏合之卒(오합지졸)	까마귀 떼처럼 아무 규율도 통일도 없이 몰려 있는 무리 또는 그러한 군사를 이르는 말
玉石俱焚(옥석구분)	옥과 돌이 함께 탄다는 뜻으로 착한 사람이나 악한 사람이 다같이 화를 당함을 이르는 말
溫故知新(온고지신)	옛 것을 연구하여 거기서 새로운 지식이나 도리를 찾아 내는 일
蝸角之爭(와각지쟁)	달팽이의 뿔 위에서 하는 싸움이라는 뜻으로 사소한 일로 벌이는 다툼 또는 작은 나라끼리 싸우는 일을 이르는 말
臥薪嘗膽(와신상담)	중국 춘추시대의 오왕(吳王) 부차(夫差)가 일부러 섶나무 위에서 자고 월왕(越王) 구천(句踐)이 일부러 쓰디쓴 곰쓸개를 핥으며 패전의 굴욕을 되새겼다는 고사에서 나온 말로 원수를 갚거나 어떤 목적을 이루기 위하여 괴로움을 참고 견딤을 비유하여 이르는 말
愚公移山(우공이산)	우공(愚公)이 오랜 세월을 두고 자기 집 앞의 산을 딴 곳으로 옮기려고 열심히 노력하여 결국 이루었다는 고사에서 나온 말로 무슨 일이든지 꾸준히 노력하면 성공한다는 것을 이르는 말
牛耳讀經(우이독경)	쇠 귀에 경 읽기라는 뜻으로 둔한 사람은 아무리 일러도 알아듣지 못한다는 말
危機一髮(위기일발)	눈 앞에 닥친 위기의 순간을 이르는 말
類萬不同(유만부동)	많은 것이 서로 같지 않고 다름. 분수에 맞지 않음.
有備無患(유비무환)	미리 준비함이 있으면 어떤 환난을 당해서도 걱정할 것이 없음.
唯我獨尊(유아독존)	세상에서 자기만이 잘났다고 뽐내는 일
類類相從(유유상종)	같은 동아리끼리 서로 오가며 사귐.
隱忍自重(은인자중)	마음 속으로 참으며 몸가짐을 신중히 함
泣斬馬謖(읍참마속)	군율(軍律)을 세우기 위해서는 사랑하고 아끼는 사람도 버림을 이르는 말
以心傳心(이심전심)	마음에서 마음으로 뜻을 전함

易如反掌(이여반장)	쉽기가 손바닥을 뒤집는 것과 같다는 뜻으로 아주 쉬운 일을 비유하여 이르는 말
一擧兩得(일거양득)	한 가지 일로써 두 가지의 이익을 얻음
一網打盡(일망타진)	한 번 그물을 쳐서 모조리 잡는다는 뜻으로 어떤 무리를 한꺼번에 죄다 잡음을 이르는 말
一罰百戒(일벌백계)	한 사람이나 한 가지 죄과를 벌 줌으로써 여러 사람을 경계함
一瀉千里(일사천리)	강물이 거침없이 흘러 천 리에 다다른다는 뜻으로 어떤 일이 기세 좋게 진행됨을 이르는 말
一石二鳥(일석이조)	한 가지 일로써 두 가지의 이익을 얻음
一字無識(일자무식)	글자를 한 자도 모를 정도로 무식함.
一場春夢(일장춘몽)	한바탕의 봄꿈이라는 뜻으로 '헛된 영화나 덧없는 일'을 비유하여 이르는 말
日就月將(일취월장)	날로 달로 자라나고 나아감
一炊之夢(일취지몽)	당(唐)나라 때 노생(盧生)이 한단(邯鄲)땅의 주막집에서 여옹(呂翁)이란 선인(仙人)의 베개를 얻어 베고 한잠 자는 동안에 50년 동안의 영화를 꿈꾸었으나 깨고 보니 짓고 있던 밥이 아직 익지도 않은 짧은 시간이었으므로 인생의 허무를 깨달았다는 고사에서 온 말. '이 세상의 부귀영화가 덧없음'을 비유하여 이르는 말
臨渴掘井(임갈굴정)	목이 마르자 우물을 판다는 뜻으로 준비가 없이 일을 당하여 허둥지둥하는 태도를 가리키는 말
臨機應變(임기응변)	그때 그때의 형편에 따라 알맞게 일을 처리함
自家撞着(자가당착)	언행의 앞뒤가 맞지 않음.
自强不息(자강불식)	스스로 힘쓰며 쉬지 않음
自手成家(자수성가)	물려받은 재산이 없이 스스로의 힘으로 어엿한 한 살림을 이룩하는 일
自業自得(자업자득)	자기가 저지른 일의 과보(果報)를 자기 자신이 받음
自暴自棄(자포자기)	절망 상태에 빠져서 자신을 버리고 돌보지 아니함
張三李四(장삼이사)	장씨의 셋째 아들과 이씨의 넷째 아들이라는 뜻으로 '평범한 보통 사

람'을 이르는 말

賊反荷杖(적반하장)	도둑이 되려 매를 든다는 뜻으로 잘못한 사람이 도리어 잘한 사람을 나무라는 경우를 이르는 말
電光石火(전광석화)	번갯불이나 부싯돌의 불처럼 번쩍인다는 뜻으로 몹시 짧은 시간이나 매우 재빠른 동작을 비유하여 이르는 말
戰戰兢兢(전전긍긍)	매우 두려워하며 조심함
輾轉反側(전전반측)	누운 채 이리 뒤척 저리 뒤척 하며 잠을 이루지 못함
轉禍爲福(전화위복)	화가 바뀌어 오히려 복이 됨
絶長補短(절장보단)	긴 것을 잘라 짧은 것에 보탠다는 뜻으로 '알맞게 함' 또는 '장점으로 부족한 점이나 나쁜 점을 보충함'을 이르는 말
切磋琢磨(절차탁마)	학문이나 덕행 등을 배우고 닦음을 이르는 말
切齒腐心(절치부심)	(몹시 분하여) 이를 갈며 속을 썩임
漸入佳境(점입가경)	갈수록 더욱 좋거나 재미있는 경지로 들어감
井底之蛙(정저지와)	우물 안 개구리라는 뜻으로 견문이 좁아서 세상 형편을 모르는 사람을 비유하여 이르는 말
糟糠之妻(조강지처)	지게미와 쌀겨를 먹으며 산 아내라는 뜻으로 가난할 때 고생을 함께 하며 살아온 본처(本妻)를 이르는 말
朝令暮改(조령모개)	아침에 명령을 내리고 저녁에 다시 고친다는 뜻으로 법령이나 명령이 자주 뒤바뀜을 이르는 말
朝變夕改(조변석개)	아침 저녁으로 뜯어고친다는 뜻으로 계획이나 결정 따위를 자주 뜯어고치는 것을 이르는 말
朝三暮四(조삼모사)	어떤 원숭이 기르는 사람이 원숭이에게 상수리를 주되 아침에 세 개 저녁에 네 개씩을 주겠다고 하니 원숭이들이 성을 내므로 말을 바꾸어 아침에 네 개 저녁에 세 개를 준다고 하니 좋아하더라는 장자(莊子)의 우화(寓話)에서 나온 말로 눈앞에 보이는 차이만 알고 결과가 같은 것을 모르는 것을 비유하여 이르는 말. 또는 간사한 꾀로 남을 속이고 농락하는 것을 이르는 말

鳥足之血(조족지혈)	새 발의 피라는 뜻으로 아주 적은 분량을 비유하여 이르는 말
坐井觀天(좌정관천)	우물 속에 앉아 하늘을 본다는 뜻으로 견문(見聞)이 썩 좁음을 이르는 말
晝耕夜讀(주경야독)	낮에는 일하고 밤에는 공부한다는 뜻으로 바쁜 틈을 타서 어렵게 공부함을 이르는 말
走馬加鞭(주마가편)	달리는 말에 채찍질한다는 뜻으로 열심히 하는 사람을 더 부추기거나 몰아치는 것을 이르는 말
走馬看山(주마간산)	달리는 말 위에서 산천을 구경한다는 뜻으로 이것저것 천천히 살펴볼 틈이 없이 바삐 서둘러 대강대강 보고 지나침을 이르는 말
酒池肉林(주지육림)	술은 못을 이루고 고기는 숲을 이룬다는 뜻으로 술과 고기가 푸짐하게 차려진 술잔치를 이르는 말
竹馬故友(죽마고우)	대나무 말을 타고 함께 놀던 친구라는 뜻으로 어릴 때부터 같이 놀며 자란 오랜 벗을 이름.
衆寡不敵(중과부적)	적은 수효로 많은 수효를 맞겨루지 못함
指鹿爲馬(지록위마)	중국 진(秦)나라 때 조고(趙高)가 왕에게 사슴을 바치며 말이라고 강변했다는 고사에서 나온 것으로 윗사람을 농락하여 권세를 마음대로 휘두르는 짓을 이르는 말
進退兩難(진퇴양난)	이러기도 어렵고 저러기도 어려운 매우 난처한 처지에 놓여 있음을 이르는 말
進退維谷(진퇴유곡)	앞으로 나아갈 수도 뒤로 몰러날 수도 없이 꼼짝할 수 엇는 궁지에 빠짐을 이르는 말
天高馬肥(천고마비)	하늘이 높고 말이 살찐다는 뜻으로 가을을 말할 때 수식하는 뜻으로 이르는 말
千慮一失(천려일실)	아무리 슬기로운 사람일지라도 많은 생각 가운데 한 가지쯤은 실책이 있게 마련이라는 말
千變萬化(천변만화)	천만 가지 변화. 변화가 무궁함
千辛萬苦(천신만고)	마음과 몸을 온 가지로 수고롭게 하고 애씀

天衣無縫(천의무봉)	하늘 나라 사람의 옷은 솔기가 없다는 뜻으로 시가(詩歌)나 문장 등이 기교의 흔적이 없이 자연스럽게 잘 되어 있음을 이르는 말
千紫萬紅(천자만홍)	여러 가지 울긋불긋한 빛깔. 여러 가지 빛깔의 꽃이 만발함을 이르는 말
千載一遇(천재일우)	천 년에 한 번 만난다는 뜻으로 좀처럼 얻기 어려운 좋은 기회를 이르는 말
千秋萬歲(천추만세)	천 년과 만 년. 아주 오랜 세월
青出於藍(청출어람)	쪽에서 뽑아 낸 푸른 물감이 쪽보다 더 푸르다는 뜻으로 '제자나 후배가 스승이나 선배보다 더 뛰어남'을 이르는 말
焦眉之事(초미지사)	눈썹에 불이 붙는 것과 같이 매우 위급한 일
寸鐵殺人(촌철살인)	작은 쇠붙이로도 사람을 죽인다는 뜻으로 짧은 경구(警句)로 사람의 마음을 찔러 감동시킴을 이르는 말
七顚八起(칠전팔기)	일곱 번 넘어지고 여덟 번 일어난다는 뜻으로 여러 번의 실패에도 굽히지 않고 분투함을 이름
七顚八倒(칠전팔도)	일곱 번 넘어지고 여덟 번 거꾸러진다는 뜻으로 어려운 고비를 많이 겪음을 이르는 말
七縱七擒(칠종칠금)	촉(蜀)의 제갈량(諸葛亮)이 맹획(孟獲)을 일곱 번 사로잡았다가 일곱 번 놓아 준 고사에서 나온 말로 무슨 일을 제 마음대로 함을 이르는 말
針小棒大(침소봉대)	바늘만 한 것을 몽둥이만 하다고 한다는 뜻으로 심하게 과장하여 말함을 비유하여 이르는 말
他山之石(타산지석)	다른 산의 돌이라도 자기의 옥(玉)을 가는 데 도움이 된다는 뜻으로 다른 사람의 하찮은 언행도 자기의 지덕(智德)을 닦는 데 도움이 된다는 말
貪官汚吏(탐관오리)	탐욕이 많고 행실이 깨끗하지 못한 벼슬아치
泰山北斗(태산북두)	태산(泰山)과 북두성(北斗星)이라는 뜻으로 세상 사람들로부터 가장 존경을 받는 사람을 비유하여 이르는 말

兎死狗烹(토사구팽)	토끼가 죽고 나면 토끼를 잡던 사냥개도 필요가 없게 되어 삶아 먹히게 된다는 뜻으로 적국이 망하고 나면 공을 세운 모신(謀臣)도 죽여 없앤다는 말. 필요할 때는 쓰고 필요 없을 때는 버리는 야박한 세정(世情)을 비유하여 이르는 말
兎營三窟(토영삼굴)	토끼가 위급한 때를 면하기 위해 세 개의 굴을 파 놓는다는 뜻으로 자신의 안신을 위하여 미리 몇 가지 대책을 마련해 둠을 이르는 말
破竹之勢(파죽지세)	대를 쪼갤 때와 같은 형세라는 뜻으로 감히 대적할 수 없을 정도로 막힘없이 무찔러 나아가는 맹렬한 기세
暴虎馮河(포호빙하)	범을 맨 손으로 때려잡고 황하를 헤엄쳐 건넌다는 뜻으로 무모하게 위험한 짓을 함을 이르는 말.
風飛雹散(풍비박산)	사방으로 날아 흩어짐.
風樹之嘆(풍수지탄)	어버이가 돌아가시어 효도하고 싶어도 할 수 없는 슬픔을 이르는 말
風前燈火(풍전등화)	바람 앞의 등불. '존망이 달린 매우 위급한 처지'를 비유하여 이르는 말
匹夫匹婦(부부)	대수롭지 않은 그저 평범한 남녀.
下石上臺(하석상대)	아랫돌을 빼서 윗돌을 괸다는 뜻으로 임시변통으로 이리저리 둘러맞춤을 이르는 말
鶴首苦待(학수고대)	학처럼 목을 빼고 간절히 기다린다는 뜻으로 몹시 기다림을 뜻하는 말
邯鄲之夢(한단지몽)	노생(盧生)이 한단(邯鄲)에서 여옹(呂翁)의 베개를 베고 자다가 메조밥을 짓는 사이에 80년 간의 영화로운 꿈을 꾸었다는 고사에서 나온 말로 인생의 부귀영화가 덧없을 비유하는 말
邯鄲之步(한단지보)	조(趙)나라 한단(邯鄲)사람들이 보행(步行)을 잘하는 것을 보고 연(燕)나라의 한 청년이 그곳에 가서 걷는 방법을 배웠는데 습득하지 못하였을 뿐만 아니라 고국의 걸음걸이까지도 잊어버리고 기어 돌아왔다는 고사에서 나온 말로 자기의 본분을 잊고 함부로 남의 흉내를 내면 두 가지를 다 잃음을 비유하는 말
汗牛充棟(한우충동)	짐으로 실으면 소가 땀을 흘리고 쌓으면 들보까지 가득 찬다는 뜻으

로 '장서(藏書)가 매우 많음'을 이르는 말

含哺鼓腹(함포고복)　　배불리 먹고 배를 두드린다는 뜻으로 먹을 것이 많아서 좋아하고 즐기는 모양을 이르는 말

咸興差使(함흥차사)　　조선 태조 이성계가 함흥에 가 있을 때 아들 태종(太宗)이 보낸 사신을 잡아 죽이고 돌려보내지 아니한 고사에서 나온 말로 한번 가기만 하면 깜깜 소식이라는 뜻. 심부름을 가서 아주 소식이 없거나 더디 올 때에 쓰는 말

解衣推食(해의추식)　　옷을 벗어 남에게 입히고 음식을 사양하여 남에게 권한다는 뜻으로 남에게 은혜를 베푸는 것, 또는 사람을 중용(重用)하는 것을 비유하여 이르는 말

虛張聲勢(허장성세)　　실력이 없으면서 허세로 떠벌림.

螢雪之功(형설지공)　　고생하면서도 꾸준히 학문을 닦은 보람을 이르는 말

狐假虎威(호가호위)　　여우가 범의 위세를 빌려 호기를 부린다는 뜻으로 남의 권세에 의지하여 위세를 부림을 이르는 말

好事多魔(호사다마)　　좋은 일에는 흔히 탈이 끼어들기 쉬움을 이르는 말

虎視眈眈(호시탐탐)　　범이 날카로운 눈초리로 먹이를 노려본다는 뜻으로 틈만 있으면 덮치려고 기회를 노리며 형세를 살피는 것을 비유하여 이르는 말

浩然之氣(호연지기)　　공명정대하여 조금도 부끄러울 바 없는 도덕적 용기

胡蝶之夢(호접지몽)　　장자(莊子)가 나비가 된 꿈을 꾸었는데 꿈에서 깬 뒤에 자기가 나비가 된 것인지 나비가 자기가 된 것인지 분간이 가지 않았다는 이야기에서 '자아(自我)와 외계(外界)와의 구별을 잊어버린 경지'를 이르는 말

惑世誣民(혹세무민)　　세상 사람을 속여 미혹하게 하고 세상을 어지럽힘.

渾然一體(혼연일체)　　조금의 어긋남도 없이 한 덩어리가 되는 일

昏定晨省(혼정신성)　　저녁에 이부자리를 보고 아침에 자리를 돌아본다는 뜻으로 자식이 아침 저녁으로 부모의 안부를 물어서 살핌을 이르는 말

畵龍點睛(화룡점정)　　용을 그릴 때 마지막에 눈을 그려 완성시킨다는 뜻으로 가장 요긴한 부분을 마치어 일을 끝냄을 이르는 말

畫蛇添足(화사첨족)	뱀을 그리는 데 발까지 그려 넣는다는 뜻으로 안 해도 될 쓸데없는 일을 덧붙여 하다가 도리어 일을 그르침을 이르는 말. 사족(蛇足)
花容月態(화용월태)	꽃다운 얼굴과 달 같은 자태라는 뜻으로 미인의 모습을 형용하여 이르는 말
畫中之餅(화중지병)	그림의 떡이라는 뜻으로 아무리 마음에 들어도 실지로 이용할 수 없거나 차지일 수 없는 것을 비유하여 이르는 말
換骨奪胎(환골탈태)	뼈대를 바꿔 끼고 태(胎)를 바꿔 쓴다는 뜻으로 선인의 시나 문장을 살리되 자기 나름의 새로움을 보태어 자기 작품으로 삼는 일을 이르거나 또는 얼굴이나 모습이 이전에 비하여 몰라보게 좋아졌음을 비유하여 이르는 말
患難相恤(환난상휼)	향약(鄕約)의 네 덕목 중의 하나. 걱정거리나 어려운 일이 생겼을 때 서로 도와 줌.
會者定離(회자정리)	만나는 것은 반드시 헤어진다는 뜻으로 인간사의 무상(無常)함을 이르는 말
橫說竪說(횡설수설)	조리가 없는 말을 함부로 지껄임. 또는 그 말
後生可畏(후생가외)	젊은이란 장차 얼마나 큰 역량을 나타낼지 헤아리기 어려운 존재이므로 존중하며 소중히 다루어야 한다는 말
興盡悲來(흥진비래)	즐거운 일이 다하면 슬픈 일이 온다는 뜻으로 세상일이 돌고 돎을 이르는 말